PATRICK RAMBAUD
de l'académie Goncourt

TOMBEAU DE NICOLAS Ier ET AVÈNEMENT DE FRANÇOIS IV

BERNARD GRASSET
PARIS

Illustration de la bande :
Gino Ladowitch

ISBN 978-2-246-80399-7

TOMBEAU DE NICOLAS Ier
ET AVÈNEMENT
DE FRANÇOIS IV

DU MÊME AUTEUR

LA SAIGNÉE, Belfond, 1970.
COMME DES RATS, Grasset, 1980 et 2002.
FRIC-FRAC, Grasset, 1984.
LA MORT D'UN MINISTRE, Grasset, 1985.
COMMENT SE TUER SANS EN AVOIR L'AIR, La Table Ronde, 1987.
VIRGINIE Q., parodie de Marguerite Duras, Balland, 1988. (Prix de l'Insolent.)
BERNARD PIVOT REÇOIT..., Balland, 1989 ; Grasset, 2001.
LE DERNIER VOYAGE DE SAN MARCO, Balland, 1990.
UBU PRÉSIDENT OU L'IMPOSTEUR, Bourin, 1990.
LES MIROBOLANTES AVENTURES DE FREGOLI, Bourin, 1991.
MURUROA MON AMOUR, parodie de Marguerite Duras, Lattès, 1996.
LE GROS SECRET, Calmann-Lévy, 1996.
LES AVENTURES DE MAI, Grasset/Le Monde, 1998.
LA BATAILLE, Grasset, 1997. (Grand Prix du roman de l'Académie française, Prix Goncourt et Literary Award 2000 de la Napoleonic Society of America.)
IL NEIGEAIT, Grasset, 2000. (Prix Ciné roman-Carte Noire.)
L'ABSENT, Grasset, 2003.
L'IDIOT DU VILLAGE, Grasset, 2005. (Prix Rabelais.)
LE CHAT BOTTÉ, Grasset, 2006.
LA GRAMMAIRE EN S'AMUSANT, Grasset, 2007.
CHRONIQUE DU RÈGNE DE NICOLAS Ier, Grasset, 2008.
DEUXIÈME CHRONIQUE DU RÈGNE DE NICOLAS Ier, Grasset, 2009.
TROISIÈME CHRONIQUE DU RÈGNE DE NICOLAS Ier, Grasset, 2010.
QUATRIÈME CHRONIQUE DU RÈGNE DE NICOLAS Ier, Grasset, 2011
CINQUIÈME CHRONIQUE DU RÈGNE DE NICOLAS Ier, Grasset, 2012.

(suite en fin de volume)

à Tieu Hong

à M. Denis Diderot
dont la voix porte jusqu'à nous

à M. Léo Ferré
qui avait de la gueule

« Toute assemblée nombreuse est *foule*, quelles que soient les individualités qui la composent ; il ne faut jamais tenir à une foule le langage de la raison pure, c'est seulement à ses passions, à ses sentiments et à ses intérêts apparents qu'il faut s'adresser. »

(Lettre de LORD CHESTERFIELD
à son fils, 1751.)

REMERCIEMENTS
À FEU NOTRE SAUTILLANT MONARQUE
POUR L'ENSEMBLE DE SON ŒUVRE

Que cent mille grâces vous soient rendues, Sire, pour avoir suivi le conseil que j'osai vous prodiguer à l'issue de ma dernière Chronique : *vous avez finalement dégagé.* J'avoue, je n'avais pas le courage d'en reprendre pour cinq ans, tant ce travail de soutier épuise le style et le moral. La fin joyeuse de votre règne électrique, ô Désopilante Majesté, me permet d'entamer avec sérénité cet ultime volume de vos prouesses, lequel va relater par le menu l'affreuseté de votre dernière année sur le trône, matamoresque et dangereuse.

Quand a commencé le cauchemar où vous nous avez plongés, je ne songeais guère à m'embarquer dans un voyage au long cours ; un volume me suffisait pour décrire sous une forme satirique et décalée votre installation au Château, et celle du cortège de vos courtisans, arrivistes, transfuges, intéressés, voyous. Par surprise, ce premier volume fut très suivi par un public nombreux et reconnaissant.

Pour la première fois de ma vie, des lectrices et des lecteurs m'arrêtaient dans la rue pour me dire *merci* ; une dame en foulard Hermès faillit se faire écraser lorsqu'elle traversa en courant la rue pour me congratuler ; un curé en soutane, qui évangélisait une Antillaise, m'aperçut et se dépêcha vers moi : « Bravo ! Continuez ! » Un camionneur accoudé à sa portière me héla : « Hé ! Toi, là-bas ! » Que me voulait-il ? Je ne lui bouchais pas la rue avec ma voiture, d'ailleurs je ne sais pas conduire, mais non, il descendit de son trois tonnes pour m'encourager : « Vas-y ! Rentre-lui dedans au p'tit ! » D'autres me demandaient quand je publierais la suite ; un éleveur d'huîtres de l'île d'Oléron m'envoya un mot : « Merci pour votre médecine. » Sans le savoir, j'en soutenais beaucoup dans l'épreuve que nous subissions.

Je me suis donc lancé dans un deuxième volume, pour lequel je recueillis la même approbation chaleureuse. Cela me poussa à entreprendre un troisième volume. Au-delà, je n'avais plus le choix : ce qui n'était qu'une courte satire devint un projet inédit, celui de retracer un règne dans sa durée. A ceux qui me disaient : « Tu as trouvé un bon filon ! » je répondais : « Non, c'est un boulet. » J'étais devenu votre bagnard attitré, Sire, vivant chaque jour à vos côtés, supportant de moins en moins votre entourage nauséeux comme vos simagrées. Tous les matins de l'année je lisais l'ensemble des gazettes, les sérieuses et les mondaines où vous plastronniez, je décortiquais ce fouillis de papiers, rangeais des dossiers qui s'accumulaient et que je laissais vieillir comme des meules de parmesan. Au bout de six mois j'y revenais : que restait-il des événements récents ? Qu'est-ce qui surnageait ? Quels personnages montaient à l'avant-scène et méritaient un portrait ? Qu'avions-nous déjà oublié et qui importait ? En traitant ce flot d'informations, j'avais à cœur de conserver une mémoire des événements et des hommes, que souvent vous effaciez sous leur afflux, recouvrant à votre habitude un fait par un autre pour nous rouiller la cervelle. Je pense avoir ainsi conservé vos mensonges, vos faux pas et vos bévues *pour qu'on s'en souvienne*. Je ne veux pas que mes concitoyens ne vivent qu'au présent en balayant vos fautes ; j'entends muscler leurs souvenirs.

Adieu donc, Sire, et n'omettez point d'emporter avec vous la multitude de ces boucs émissaires qui vous ont tant servi d'excuses. Voici l'avènement de François IV, le quatrième de notre longue histoire après le François Ier de Marignan, ce François II qui régna si peu, un François III couronné en 1981. Le jour de l'élection universelle qui consacra la chute de Votre Troublante Majesté, pour votre successeur il n'y eut point de Fouquet's où recevoir au champagne les principaux millionnaires et affairistes, aucun palace, aucun yacht pour ternir l'image du nouveau souverain choisi, juste, en guise de symbole, un accordéon qui joua *La Vie en rose* sur un tréteau de Corrèze.

Adieu, Leader Honni, adieu, mais faut-il vraiment y croire ? En dehors de la politique, qu'allez-vous pouvoir faire d'aussi gratifiant ? Au moment où je trace ces lignes, vous courez comme un hamster dans une palmeraie prêtée par le roi du Maroc. Combien de temps vous laisserez-nous tranquilles ? Je ne vous imagine pas dans un hamac, fût-il à remous. Alors ? De l'argent à brasser ? Comment pourriez-vous tomber sous l'autorité d'un patron, même s'il était un ami bienfaisant ? Donner des conférences autour du monde pour vous remplir les poches comme MM. Clinton et Blair ? Impossible, Stupéfiante Majesté, puisque vous ne savez pas un mot d'anglais ; pérorer devant un amphithéâtre au Québec ou à l'Alliance française de Belgrade, cela ne rapporte pas un fifrelin. Utiliser vos connaissances internationales et fraîches, rentabiliser votre règne défunt pour causer à des banquiers brésiliens dans un salon d'hôtel new-yorkais ? Peut-être. Déguisé en avocat d'affaires, vous pourriez intervenir entre des émirs et des industriels de l'armement ou du nucléaire, et toucher de grasses commissions. Sans doute, mais le pouvoir et ses facilités vous démangent. Comme un eczéma, ce mal va amplifier, vous allez vous gratter jusqu'au sang en repensant au bon vieux temps, quand un mot, un geste suffisait à faire se courber une armée de valets, prêts à vous faciliter la vie *à n'importe quel prix*. La politique vous ronge déjà, Sire, et vous commencez dès aujourd'hui une carrière de conspirateur, pariant comme toujours sur l'échec des autres afin de vous valoriser. Pour vous, il n'y a que vous. Vendre des avions, des médicaments ou des centrales, non, il faut être trop discret, presque transparent. Quant à nous, heureusement, nous connaissons désormais tous vos trucs et toutes vos ruses, et j'espère à ma mesure y avoir contribué. J'écris pour que nous gardions les yeux ouverts.

P.R.

Chapitre Premier

LE SOUVERAIN ET LES FAUSSAIRES. – CLIMAT SEC DE L'ÉTÉ. – COMMENT M. DE WASHINGTON MONOPOLISE LES GAZETTES DU MONDE ENTIER. – CHANGEMENT DE STRATÉGIE DU PRINCE. – BOUDERIE AU PARTI SOCIAL. – LE PARTI IMPÉRIAL EN EMBUSCADE. – RUMEURS CONTRE LA DUCHESSE DE SOLFÉRINO. – EXTRÊME ROUERIE DU DUC DE MEAUX. – NOUVEAU PORTRAIT DE CELUI-CI.

À l'aube du règne de Notre Culotté Potentat on parlait déjà de son crépuscule, ainsi le duc de Morny, au lendemain du coup d'Etat de Louis Napoléon, se demandait combien de temps la comédie allait durer ; hélas, le second Empire dura. Notre Intempestif Leader espérait à son tour durer en usant de mille malices et en semant partout la discorde pour se maintenir sur un peuple qui ressemblait maintenant à un puzzle : son goût de couper la France en tronçons antagonistes persista cinq ans ; les chiffres l'emportaient dès lors sur les lettres, la quantité sur la qualité. A ce propos, voyons comme le Prince se comportait face aux apparences, lui pour qui le passé n'existait point, sinon sous la forme d'ersatz. Suivons-le en Chine, quand il visita en vingt minutes et en famille le mausolée de Lingtong pour s'extasier devant l'armée de terre cuite mise au jour. Les guides lui expliquèrent cette découverte du gigantesque tombeau de Che-houang-ti, qui ne datait pas de vingt-quatre siècles, comme ils le prétendaient, puisqu'il avait été presque aussitôt pillé et brûlé par le roi de Tch'ou. M. Jean Levi nous l'affirmait, lui, éminent décrypteur de l'antiquité chinoise : Notre Démagogique Monarque aurait pu aussi bien admirer une cargaison de faux sacs Vuitton fabriqués à Hong Kong puisque ces guerriers d'argile, lesquels n'avaient pas traversé les siècles mais semblaient aussi neufs que disgracieux, avaient été confectionnés en série sous l'empereur Mao, à l'imitation des statues de M. Lénine dont elles avaient la raideur et la mocheté. Pareille aux grands musées et aux milliers de visiteurs grugés, Notre Somptueuse Majesté apprécia donc l'œuvre des faussaires, fasciné par *la multitude* des figurines. Notre Insurpassable Prince aurait aimé, lui aussi, imposer cette écœurante laideur à l'univers, car il aimait autant les copies que les originaux, ne sachant les distinguer. Sans doute sentait-il une connivence avec Che-houang-ti, l'Auguste Empereur qui fit brûler tous les livres et expédia les lettrés sur l'inutile chantier de sa Grande Muraille, pour les tuer. N'avait-il pas voulu imposer ses normes à son peuple ? M. Jean Levi dit encore : « Sages, excentriques, illuminés, fous, simples, parasites, clochards, génies, écologistes et autres marginaux – tous ceux qui ne se pliaient pas au moule – furent éliminés. » Il suffisait d'y ajouter des romanichels, des arabes, des chômeurs et des miséreux pour que ce texte se transformât illico en une loi de Nicolas Ier. J'ai tenu à relever cette anecdote éclairante pour donner une perspective à la méthode impériale et aux contrefaçons sur quoi elle reposait.

Disons tout de suite ce qui se passa pendant l'été 2011, où à la dernière livraison de cette Chronique nous avions abandonné nos personnages. Renouons ce lien. Rafistolons vos mémoires évanouies. Selon un rituel rodé au cours du règne, les notoires ne durent pas trop s'éloigner de leurs bureaux, pour y revenir aussitôt que le devoir les sonnerait. Le duc de Meaux, M. Copé, partit lire en Corse, comme le baron Bertrand qui y fit du scooter ou M. Longuet, chargé de notre Défense, qui s'adonna à de paisibles promenades. M. Baroin, duc de Troyes en charge de l'Economie, s'en alla pêcher dans la Creuse ; la très verte Mme de Prosciutto-Morizet rejoignit sa famille dans le Contentin, où les cancers se développaient autour d'une centrale de déchets nucléaire ; le duc d'Evreux, M. Le Maire, fort dynamique, rencontra des agriculteurs au Pays basque tandis que le duc de Bordeaux, M. Juppé, qui régentait nos Affaires étrangères, envoya promener les gazetiers trop curieux par ces mots : « Je suis libre. Je vais où je veux et cela ne vous regarde pas. » Ce fut encore en juillet, avant de se reposer chez sa belle-mère, que Notre Attachant Souverain fut agrippé par le veston dans le Lot-et-Garonne où, selon son ordinaire, une petite foule de militants triés hurlait son nom. M. Hermann Fuster, un employé municipal tout de noir et de gothique vêtu, voulait avec ce geste exprimer son exaspération en déjouant une sécurité extrêmement sophistiquée ; il y gagna six mois de prison avec sursis puisqu'il n'y eut point de blessure ni de col arraché et pendouillant. Cependant, la cote de popularité du Prince frémissait et son épouse raconta dans *Nice-Matin* qu'à Toulon elle avait visité des femmes de marins. Il y eut bien un nuage sombre sur tant de simplicité lorsqu'à Sarran, l'ancien roi Chirac, hilare et gamin, répéta trois fois qu'à l'élection du Trône il voterait pour M. de la Corrèze contre Nicolas Ier. Ses proches expliquèrent que l'ancien monarque était désormais sourd comme un pot, qu'il était usé, qu'il sacrifiait à l'humour local.

Profitant de ce que les loyers parisiens augmentassent de 5 % et qu'il y eût trente-six mille chômeurs supplémentaires, Notre Bâtisseuse Majesté entreprit de restaurer le Château lors de son congé, entre un saut de puce en Chine et un autre à Nouméa. Trois cents ouvriers eurent donc du travail, même le week-end, de six heures du matin à dix heures du soir, afin de nettoyer le fronton de la cour d'Honneur et retaper de prestigieux salons, pour la modeste somme de quinze millions et six cent mille euros pris sur le budget de la Culture. Cette année-là, on connut en France des records de chaleur dans une douzaine de départements ; à Gaillac, dans le Tarn, le thermomètre dépassa les quarante degrés à l'ombre ; des touristes se rafraîchissaient dans les fontaines de la Concorde, à Paris. Un autre coup de chaud fut remarqué également à Tottenham High Road, au nord de Londres, quand de jeunes émeutiers incendièrent des voitures et des bâtiments après avoir pillé des boutiques. « Il n'y a rien pour eux, alors ils volent », dit un habitant blasé. Lord Cameron, le Premier des Britanniques, réclama la fermeté contre ces malfrats. Au même instant les banques françaises en surchauffe s'effondraient, ce qui interrompit net les vacances de Sa Majesté, laquelle revint au Château afin de nous rassurer, mais qui se soucia de ses discours ? De tous ces événements que j'ai mentionnés, assez riches pour occuper les conversations de plage, il ne resta rien.

Les gazettes du monde entier occupèrent la totalité de la saison chaude à nous décrire, avec de multiples détails contradictoires, les péripéties aux Amériques de M. Sinclair de Strauss-Kahn, un temps avancé comme le possible vainqueur de Nicolas Ier à l'élection du Trône, et que l'on nommait plus couramment M. de Washington, car il vivait près du Fonds monétaire international dont il présidait la marche. Nous avons raconté sa faute, dans un Sofitel de New York, quand il sauta sur une femme de chambre noire au sortir de sa douche, et ce qui s'ensuivit, la plainte, les cris, les sourires, l'arrestation et la prison abominable. Désinvolte mais soupçonneux, certain que ses ennemis l'écoutaient, lui qui espérait cacher la fortune de son épouse, il voyait s'étaler dans les gazettes le prix de son riad à Marrakech, celui de son appartement de la place des Vosges et de la maison de Washington où il vivait. Arrêté, libéré sous caution puis sur parole, avec un bracelet électronique à la cheville, des caméras dans son salon, un garde armé à sa porte, nous allions de coups de théâtre en surprises, friands de ses malheurs. Les photographes le suivaient en essaims pour nous livrer des images de portes closes. Ils bourdonnaient devant son premier refuge, les yeux braqués sur les larges fenêtres à guillotine du quatrième étage, au 71 Broadway street, ce qui dérangea la quiétude des voisins furibonds ; ils firent chasser l'indésirable. M. de Washington emménagea dans une maison individuelle, au 153 Franklin street, où il passa ses journées sans ouvrir les stores, à dormir ou à jouer aux échecs sur son ordinateur. C'était un quartier chic. S'il avait pu sortir, au bout de la rue il aurait croisé Robert De Niro au grill branché qui lui appartenait. On sut le loyer de cette prison de brique, cinquante mille dollars par mois. Les moralistes du Parti social, pour mieux se détacher de leur ancien condisciple, le blâmèrent à forte voix. « Si vous avez de l'argent, disait le chevalier de Montebourg entre ses dents acérées, vous pouvez échapper au bagne. Sinon, tant pis pour vous. » Son pair M. d'Hamon ajoutait : « Je comprends que cela puisse choquer des millions de Français. »

Les choqués suivaient cependant avec passion le fil de ces crapuleuses aventures. Ils assistèrent à d'affriolantes saynètes, comme l'entrée de déménageurs en short qui amenaient des tapis roulés et des tableaux, ils virent trois rabbins en grande tenue qui furent éconduits, et un livreur de parasols car il y avait une terrasse. L'endroit devint à la mode. Des badauds se faisaient portraiturer sur le trottoir. Des cars touristiques à étage s'arrêtaient pour montrer le repaire de l'ogre, et le guide indiquait au micro : « Sur votre droite, l'immeuble où demeure le Français accusé de tentative de viol. » Les visiteurs chinois battaient des mains en frissonnant.

Poussée par son sémillant avocat, la plaignante maintenait ses accusations, même si le procureur avait émis des doutes et repéré des mensonges dans ses déclarations. Jusqu'à présent on ne l'avait qu'à peine devinée, cachée sous un drap blanc devant le commissariat. On l'appelait Ophélia et on l'imaginait façon mannequin, eh bien non. Elle se nommait Nafissatou, était grande, carrée, un peu épaisse, et elle vivait dans un deux pièces du Bronx, un HLM gris peuplé d'immigrés récents. Elle venait d'un hameau de cases rondes, au nord de la Guinée, à sept heures de route et deux heures de piste de Conakry, pour aboutir dans les colonnes de *Newsweek* et détailler son agression. On apprit alors qu'elle avait téléphoné à un détenu qui trafiquait des drogues ; il l'aurait encouragée à foncer contre ce riche Blanc pour récupérer un maximum de dollars. On découvrit des transferts d'argent douteux sur son compte. Et elle avait menti au service d'immigration comme aux services sociaux, pour obtenir aux Etats-Unis un statut et des allocations ; elle avait une fille de quinze ans. Pour l'opinion, qui a l'habitude de se retourner avec aisance, elle devenait une mauvaise pauvre. « C'est une frivole », dit un Guinéen de l'ethnie mandingue devant un entrepôt arrangé en mosquée. « Pourquoi est-ce qu'elle a mis tant de temps avant de prévenir la police ? » demandait un autre, de l'ethnie peule. Dans *Good Morning America*, sur le fenestron d'ABC, elle pleurait et mimait son affreuse histoire : « J'ai dit : Monsieur, arrêtez ! Je ne veux pas perdre mon emploi ! » Les dix mille femmes de chambre du syndicat de l'hôtellerie la soutenaient ; les associations noires se mobilisèrent. Des mouvements islamistes entrèrent dans cette danse du scalp. Une petite foule menaçante se rassembla sous les fenêtres de M. de Washington, mais en vain ; désormais libre de ses mouvements par décision judiciaire, il s'était rendu au Tanglewood Music Festival, dans le Massachussetts, pour y écouter de la musique de chambre. Il n'en était pas moins épié et jugé en France. Quand il sortit avec des amis dîner dans un restaurant italien, on critiqua le prix du menu, lequel variait selon les gazettes de soixante à sept cents euros pour un plat de spaghettis aux truffes blanches, le même que Sa Majesté offrit à l'empereur Hu dans une célèbre gargotte niçoise.

Les déboires de M. de Washington n'affectaient pas que sa famille, mais aussi son ancien parti, envahissant les élections primaires qui devaient à l'automne désigner le candidat social capable de se présenter contre Nicolas Ier. La plupart des femmes combattaient le graveleux de l'accusé et défendaient la cause de la soubrette bafouée. Plusieurs d'entre elles, militantes d'Osez le féminisme, Paroles de femmes ou de divers collectifs manifestèrent à Paris en brandissant des pancartes sur lesquelles on pouvait lire « Sexisme : ça part en couilles ! » ou « Nous sommes toutes des femmes de chambre » ; ajoutons que par dérision ces militantes portaient des barbes postiches. Au Parti social, si on comprenait ces réactions, que parfois on approuvait, on parlait de pollution. Le baron Bartolone joua les démineurs : « M. de Washington, c'est un peu le Dr. Jekyll et Mr. Hyde pour les électeurs. Dans la même phrase, ils se disent choqués par tout ce qui a été déballé sur lui, mais ils regrettent l'absence de ce poids lourd pour lutter contre la crise financière. » Le baron Borgel, fin technicien du Parti social et de ses rouages compliqués, commenta à son tour : « L'objectif du Parti impérial est clair : pourrir l'organisation de nos Primaires par les affaires. »

Notre Rusé Leader attendait en effet que le Parti social, qu'il savait traversé par des courants et autres tourbillons, finît après bien des turbulences à noyer ses champions. Au début du scandale, nous l'avions vu, Sa Majesté avait été à la fois jubilante et contrariée. Cachant sa joie, dans l'aéronef qui l'emportait à Yamoussoukro pour assister à l'avènement de son ami Ouattara, le Prince délaissa avec une fausse négligence le roman de M. Umberto Eco, qu'il essayait de lire, pour confier aux gazetiers de sa suite que cette affaire était triste et atroce : « J'lui avais bien dit, pourtant, qu'les Américains y plaisantaient pas avec les mœurs. » Il continua : « L'Parti social, il oublie toujours les victimes. » Comme il était alors dans sa période cultivée, il cita *Boule de suif* où les prostituées peintes par M. de Maupassant étaient drôlement humaines. Loin du public et à des proches il définissait la ligne à tenir : « C'est les mêmes, hein, qu'ont prétendu m'donner des l'çons d'morale ! J'vais leur montrer, moi, ce que c'est que d'être irréprochable ! » Les critiques contre M. de Washington s'éteignirent sur ordre du Château. Les courtisans devaient se montrer dignes et ne triompher que sous cape. Ceux du Parti impérial que les gazettes interrogeaient là-dessus avaient à leur disposition une batterie de réponses semblables et hiérarchisées ; ils devaient d'abord rappeler la présomption d'innocence afin de ne point bavasser sur le fond de l'enquête ; il leur fallait ensuite montrer de la sympathie pour la famille de l'accusé ; ensuite ils avaient à déplorer que ces embrouillaminis ne détériorassent l'image de notre pays, puis ils avaient une pensée émue pour la victime, si ses dires s'avéraient. Quelques-uns ajoutaient en contrepoint que Sa Majesté et Madame attendaient un bébé et que l'image admirable de ces parents l'emporterait dans l'opinion sur un gorille en rut. « Imaginez un peu, disait un lieutenant du

Prince, ce qui se serait passé si M. de Washington avait déjà été investi par le Parti social... »

Cependant, c'était là le plan secret de Notre Vicieuse Majesté. Fourni par sa police et ses services secrets en informations sur l'intimité de ses rivaux, le Prince gardait cachée une histoire de notables libidineux et de call-girls en réseaux qui, depuis le Carlton de Lille, agrémentaient les soirées libertines de son principal concurrent. Le crime de New York avait écarté ce plan qui devait torpiller M. de Washington peu avant les élections du Trône, quand ce serait trop tard pour le Parti social de lui trouver un remplaçant tout blanc et tout propre. Cela supposait bien entendu que les gens de gauche, auxquels étaient élargies les Primaires, aient opté pour M. de Washington, ce qui n'était point assuré.

Quoi qu'il en fût, Notre Teigneux Monarque dut modifier sa stratégie. Il avait été certain de vaincre M. de Washington qu'il attendait sur ses contradictions, sa fortune et ses mœurs ; voilà qu'il était contrarié. Du jour au lendemain, une fois M. de Washington éliminé, il fit chanter sa compétence mondiale, son talent pour affronter les crises, son carnet d'adresses, sa volonté d'adoucir les plans de sauvetage de la Grèce et du Portugal, son désir d'élargir le Fonds monétaire au Brésil ou à l'Inde. Bref, un réel costaud pour mieux se moquer du peu de poids des autres candidats du Parti social, qui prenaient des allures de remplaçants. A l'aune des sondages d'opinion que Sa Majesté commandait en nombre, et à propos de tout, ce qui enrichissait la société spécialisée de l'abbé Buisson, ne demeuraient réellement que deux personnages menaçants. D'abord Mme d'Aubry, duchesse de Solférino, qui semblait hésiter à s'élancer dans la course malgré le soutien des amis dépités de M. de Washington ; d'elle, le Prince disait en se gaussant :

— Elle est comme le Parti social qu'elle dirige. J'veux dire sectaire, archaïque et méchante. Les Français y votent pas pour les gens méchants.

— Vous avez cependant été élu, Sire, murmura un conseiller bien rétribué.

— Tu crois, connard, que j'suis sectaire ?

— Je n'ai jamais dit cela, Sire...

— Ben quoi, alors ? dit le Prince dont le regard dur lançait des éclairs de méchanceté.

— Il y a aussi M. Hollande, le duc de Tulle...

— Votre M. de la Corrèze qui s'est déclaré candidat à l'hôtel de ville de Tulle ? Il a même pas été secrétaire d'Etat aux timbres-poste ! Quand j'dirai « j'en ai causé avec m'sieur Obama », il dira qu'il a vu ça avec Gérard Dugenou, ramasseur de champignons en Corrèze !

— Ah ah ! Sire.

— Bien vu, Votre Majesté, mais justement, M. de la Corrèze se présente comme un éventuel président *normal*...

— C'est parfait, le coup du candidat normal ! Un président normal pour un job normal, dans une période normale, ça va bien ! Ça va faire vibrer les foules ! D'ailleurs, quand une femme tombe amoureuse, la première chose qu'elle dit c'est : *Génial, j'suis amoureuse d'un mec vraiment normal !*

— Ah ah ! Sire !

— Votre M. de la Corrèze est un rigolo !

— Certainement, Sire.

— Ce qui me chiffonne, Grandissime Souverain, intervint le cardinal de Guéant qui possédait des fiches sur chacun, c'est qu'il est lisse. Il offre peu de prise...

— Qu'est-ce que tu sais d'lui, Ton Eminence ?

— Je sais qu'il lit *L'Equipe*, qu'il adore la côte de bœuf, qu'il suit un régime pour maigrir, qu'il pratique le serrage de mains dans les provinces comme l'ancien roi Chirac ; on l'a signalé en Basse-Normandie, à Dijon, à Périgueux, en Tunisie. Il a réuni près du Palais-Royal près de deux cents dirigeants d'entreprise...

— Pfft ! Y manque de charisme ! J'vais avoir la duchesse de Solférino en face de moi, c'est plié ! Et j'en f'rai qu'une bouchée ! Son programme date des années quatre-vingt !

Au long de cet été, des salves de rumeurs se déclenchèrent sur ordre contre la duchesse de Solférino. Sa Sourcilleuse Majesté tentait de l'affaiblir afin qu'elle se présentât minée devant les électeurs. Des hommes de main du Prince orchestrèrent donc les thèmes les plus hostiles aux étrangers, pour caresser les votes extrêmes, auxquels s'ajoutèrent des considérations médicales sur la duchesse malade et poivrote, qui devaient suffir à l'écarter de toute sérieuse responsabilité. Un quidam n'avait qu'à taper le nom de la duchesse sur sa Poubelle Electronique pour voir clignoter l'écran de notions sournoises : *alcoolique, tumeur au cerveau, islamiste.* Voyons de plus près ce que cachaient ces mots infâmes. Un ancien ministre, qui fut bientôt désigné, colporta de vieux ragots pendant ses dîners :

— Elle a été plusieurs fois en cure de désintoxication, vous ne saviez pas ?

— Mais non ! Elle fumait ?

— Pire, elle buvait !

Selon les versions du bobard, la duchesse se serait fait soigner à Quimper, à Reims ou à Aix-en-Provence. Un député du Parti social brisa net les fumeux témoignages : « En matière d'addiction, je ne lui connais que les macarons. » Quant à sa tumeur au cerveau, qui aurait déjà dû la tuer, l'idée vicelarde partit du jour où, son coude glissant sur la table, elle se fourra un stylo dans l'œil et en fut handicapée quelques semaines, ce que des photographes immortalisèrent. Quant à l'accusation d'islamisme, elle venait d'un bruit qui courut que la duchesse de Solférino avait aménagé des horaires de piscine, à Lille, pour que les pieuses musulmanes se baignassent loin de l'œil cupide des hommes ; dans la pratique, ces horaires spéciaux avaient été proposés aux dames trop rondes qui évitaient ainsi de montrer leurs bourrelets aux moqueurs en maillot de bain. Pas dupe et sourd aux démentis, fussent-ils justifiés, un aboyeur impérial, l'intrigant baron Ciotti, resservit la rengaine préparée : « On n'a pas besoin d'une campagne de rumeurs pour dénoncer ce qu'elle a fait officiellement à Lille pour les horaires de piscine réservés aux femmes musulmanes. Ça c'est la réalité des faits. » Les mensonges ont toujours besoin d'un air de vérité et d'une conviction claironnée.

L'an passé, déjà, le Prince Perfide avait ironisé sur le couple que la duchesse de Solférino formait avec un avocat breton, en les nommant Martin et Martine, ce qui n'était point anodin puisque sous la blague apparente se cachait un conte du XIVe siècle, né dans la région de Cambrai, où l'on voyait Martine la catholique tomber amoureuse du musulman Hakim, lequel se convertit et prit le nom de Martin. Cette légende se répandit et eut mille versions jusqu'à celle de Sa Majesté :

l'époux de la duchesse fut traité d'islamiste parce qu'il avait naguère défendu des lycéennes en foulard. La duchesse menaça de poursuites : « Je sais tout ! Je sais qui lance ces rumeurs, je l'ai appris de deux sources différentes, des fonctionnaires m'ont alertée ! »

Le Parti impérial dépêcha la duchesse émérite de Lorraine, Mme de Morano ; elle riposta de sa voix frelatée : « Nous, on salit pas l'adversaire ! On connaît ce torrent de saloperies qui se déverse depuis le couronnement de Sa Majesté sur les écrans électroniques, mais Mme de Solférino cherche à faire diversion. Je pense qu'elle entre dans une stratégie de victimisation pour dissimuler la pauvreté de son programme et les ratés de son entrée en campagne. Le vérité, c'est que le Parti social est englué dans sa guerre des Primaires ! » On nota le grand art de ce raisonnement où Mme de Morano, évacuant le premier sujet, dévia sur le programme du Parti social et ses désuètes élections Primaires qui verraient chacun se chamailler jusqu'au ridicule ; tout cela pour souligner la belle noblesse des impériaux si ramassés autour du Prince. M. Copé, duc de Meaux, selon sa nature, montra sa cinglante ironie pour prolonger l'attaque : « Au pays du complot imaginaire et de la paranoïa collective, le Parti social est roi. Ces allégations sont indignes, infondées et finalement pathétiques. » On saisit par ces mots le stratagème du duc de Meaux, qui se contentait de nier pour couper toute discussion et toute preuve, renvoyant l'ennemi sur un autre terrain par lui-même choisi : « Le Parti social tente désespérément de masquer son absence d'idées et ses divisions internes qui éclatent au grand jour avec la Primaire. » Ce fut le contraire qui arriva ; les multiples flèches tirées contre les sociaux les soudaient autour de leurs capitaines.

Le duc de Meaux fut contaminé par les affaires de la cité à l'âge de huit ans, quand il vit sur un fenestron familial le grassouillet roi Pompidou, qui avait un profil de murène, répondre avec brio à une horde de gazetiers déférents. Il fut subjugué. « Moi aussi, se jura-t-il, je serai roi ! Moi aussi j'emporterai les foules par mon verbe ! » Dès lors il s'y employa, délaissant ses soldats de plomb, caquetant, faisant l'intéressant dans un cercle d'adultes admiratifs, donnant son avis sur tout avec assurance. Cela se prolongea en faculté où il devint franchement insupportable. Il fallait qu'il commençât à parler pour qu'on le sentît lorsqu'il s'agissait de gens à qui il importait de ne pas déplaire ; car, pour le gros, il était naturellement cynique, peu complaisant, contredisant, mordant ; mais avec ceux qu'il croyait devoir ménager beaucoup, il était maniable et mesuré, sans toutefois que cela parût couler de source. Il avait peu de croyances, sinon celle d'un arrivisme permanent, ce qui supposait de savoir jouer du coude pour se hausser en éliminant ses rivaux sous la moquerie ou la calomnie. Le duc n'avait point d'humour mais il savait pianoter des tangos depuis que ses parents avaient reçu des musiciens argentins. Sinon il suivait les puissants qu'il rencontrait sur son chemin et qui le poussèrent jusqu'aux cimes, mais il préférait que ceux-ci fussent riches, rejoignant par un persistant goût des banquenotes les aspirations de Sa Majesté. Il n'avait point d'amis mais des relations dont il usa. Brutal, autoritaire avec les moindres, il devint chef de bande à l'Assemblée après s'être emparé de la ville de Meaux comme d'une évidence. Pour mieux contenir ses ardeurs de quadragénaire pressé, Sa Majesté finit par lui offrir de gouverner le Parti impérial, ce qui souleva des protestations dans son entourage :

— M. le duc de Meaux, dit le Prince, m'a promis qu'il sortirait nos troupes de la torpeur où les avait plongées le baron Bertrand.

— Parce qu'il déteste le baron Bertrand qu'il considère en rival, Votre Croustillante Sérénité.

— Le duc de Meaux m'a affirmé qu'il allait monter une machine de guerre à mon service.

— Plutôt à son service, Votre Incontesté Seigneur.

— Tant pis, je lui ai confié les clefs.

— Nous espérons que vous en avez gardé un double, Infini Potentat...

— Sur le conseil de M. Fillon, duc de Sablé et Premier, je lui ai proposé l'Intérieur, mais il a refusé.

— Pardi ! il aurait été ligoté au gouvernement et aurait dû se taire, Votre Bravache Majesté.

— On a fait un deal pour le ligoter à moi. Il me soutient à l'élection au Trône de 2012, et moi je lui cède la place en 2017.

— Tout cela est bien loin, Immense Stratège.

Le Prince aurait dû écouter ses judicieux conseillers, car le duc de Meaux semait la zizanie par ses prises de position qui poussaient le Parti vers la droite dure qu'il cajolait.

— Le Parti impérial n'est pas dans l'opposition ! tempêtait le duc de Nice, M. d'Estrosi.

— Je suis un homme libre ! proclamait le duc de Meaux.

Il promettait des débats matin, midi et soir, et il précisa qu'ayant été vomi dessus pendant des années, le virage allait être rude pour ceux qui lui barraient la route. Le duc partait pour gagner quoi qu'il arrivât, car si Sa Piaffante Majesté était confirmée sur le Trône il deviendrait le principal artisan de la victoire, et si la cuisante déroute survenait, il répéterait sur mille tons qu'il eût mieux valu suivre sa ligne qui conduisait à la droite la plus excessive. Ainsi, le duc de Meaux s'emparait de tous les thèmes qui flattaient les tenants de cet extrême, il batailla contre la rente à vie des fonctionnaires, refusa qu'on mît à l'amende les députés qui avaient menti sur leur patrimoine, réclama la fin définitive de la semaine travaillée de trente-cinq heures, même si, allant contre le Prince, ce seuil légal permettait le cadeau des heures supplémentaires non taxées.

Le duc de Meaux plaça ses fidèles et jeta les autres, ne répondant point à son prédécesseur le baron Bertrand quand celui-ci demanda à parler du haut de la tribune, porte de Versailles, où se tenait le Conseil national des impériaux, dont certains étaient venus en bus du département du duc de Meaux pour chauffer l'ambiance. Chaque pas était décisif. Comme Sa Majesté voulait la paix, elle laissa agir le duc et cherchait même à l'amadouer par des voyages en sa compagnie. Ce dernier cultivait donc les réseaux offerts par le Prince, mais à son profit ; il rêvait de poser une couronne sur la large tonsure qui gagnait le dessus de son crâne. Sur son bureau, il avait une figurine de Zorro à cheval.

Le Château de Notre Craquante Majesté était plus fermé que le Versailles de nos rois. Versailles, au cœur du pouvoir absolu, était très poussiéreux, bruyant, glacial ; en hiver les sauces y gelaient dans les plats ; dans les couloirs, dans les salles, c'était une bousculade de courtisans et de valets ; des marquis supportaient de vivre dans des cabanes installées à la diable parmi le désordre des combles ; des troupeaux de moutons et des volailles traversaient la galerie des Glaces en perpétuels travaux ; des demoiselles sans vertu, derrière les escaliers, baissaient la culotte pour un pressant besoin ; les salons étaient grands ouverts aux curieux. Afin d'assister au déjeuner du roi, n'importe quel pékin n'avait qu'à louer une épée et un chapeau aux concierges. Un soir, Louis XVI surprit un brave notaire dans sa chambre, qui admirait une pendule dorée. A l'occasion d'un bal masqué, un cuisinier déguisé en hidalgo dansa avec la fille aînée de Louis XV. Rien de tel au Château. L'endroit était triste, silencieux, malcommode, avec des fauteuils en tapisserie posés dans des coins de corridors où personne ne s'asseyait jamais. Il y avait un huissier à chaîne derrière chaque colonne. Pour entrer, vous étiez filtré au corps de garde par des gendarmes soupçonneux, auxquels vous remettiez une pièce d'identité et la convocation armoriée du Premier valet de chambre, M. de Louvrier.

Notre Décoiffante Majesté passait son temps dans une bulle qui la protégeait des intempéries du monde extérieur, qu'elle finissait par ne plus comprendre, car, même dans ses provinces, elle ne se promenait jamais que dans cette bulle hermétique en évitant tout contact réel avec une population turbulente et franche. Dans ce confort policé, Notre Clinquant Leader inventait des lois en lisant les faits divers des gazettes, mais un quart d'entre elles restait dans les cartons. Ce fut ainsi que le Prince détricota un matin les lois principales qui faisaient, au début, la fierté de son règne bien qu'elles fussent injustes ; il annula ainsi, d'un trait de plume d'oie, son fameux bouclier fiscal et l'allégement des droits de succession sur quoi reposait son régime, et qui privilégiait les privilégiés en consolidant les grasses fortunes. Il voulait faire semblant par là de songer aux plus pauvres. Le Parlement enregistra ses volte-face alors même qu'il avait voulu revaloriser son rôle, mais non, le Parlement lui était dévot. L'opinion devint malgré cela méfiante, et savait que les promesses étaient vouées au reniement ; 86 % du peuple voyait que les projets lancés ne seraient point respectés. Au reste, quiconque se livrait à la politique avait dorénavant mauvaise réputation, et le spectacle des plus jeunes officiers du Parti impérial, qui piaffaient devant le pouvoir et se battaient pour des places, confortait le peuple dans ses nouvelles certitudes.

Le si entreprenant duc de Meaux incarnait à merveille cette génération neuve qui s'entrepoussait pour gagner les premiers rangs à coups de dague. Un linguiste d'Aix-en-Provence écrivait quatre ans plus tôt son sentiment : « Bien qu'il se défende de faire du jeunisme, le duc de Meaux pose évidemment le problème en termes de classe d'âge, de conflit de génération. Il suffit de lire le texte d'accueil de son site électronique : *On ne peut plus penser la politique aujourd'hui comme il y a dix ou vingt ans.* Le duc de Meaux n'a que neuf ans de moins que Notre Légendaire Majesté, mais il tient à le rappeler. » Aussi le duc de Meaux, pour se démarquer du Prince, n'offrait jamais en pâture sa vie privée aux gazettes mondaines, mais il s'installait fort à droite en parfait idéologue, et combattait la bougeotte inlassable dudit Prince qui cavalait d'une mesure à l'autre sans aucune idée ferme. Sur le modèle du roi Chirac, qui autrefois créa son Parti comme une troupe d'assaut qu'il lâcha contre le roi Giscard, le duc de Meaux rameutait autour de lui de jeunes impériaux impatients de mordre et qui renâclaient devant les compromis.

Hélas, les plus jeunes du vivier impérial se comportaient semblablement aux plus anciens, ils s'alliaient, cousinaient, se groupaient, se mentaient, trahissaient, se défiaient et se méfiaient les uns des autres ; on vit de la sorte M. Baroin, duc de Troyes, se rouler sur les tapis du Château en criant qu'il allait changer de camp s'il n'était point nommé au portefeuille de la Finance, au détriment de M. Le Maire, duc d'Evreux, jusque-là son familier mais à qui Notre Flamboyant Monarque avait fait miroiter ce dodu ministère. Dans les antichambres et derrière les rideaux lourds, des responsables de quarante ans secouaient leurs poches à venin et en aspergeaient d'abondance leurs prochains. Chignon tiré de près ou tresses à la Botticelli, rapace de profil, la joue creuse, Mme de Prosciutto-Morizet, gorgone de Longjumeau, avait Lucrèce Borgia pour ancêtre directe. Elle balança un jour au duc d'Evreux : « Je vous tuerai tous ! » M. Wauquiez-de-la-Haute-Loire, avec ses cheveux déjà gris et un sourire d'angelot, lui répliqua : « Je te ferai la peau ! » Parfois, ces charmants militants impériaux s'accordaient à plusieurs pour provisoirement casser l'un d'eux ; ils rappelaient par exemple en gloussant que le duc de Troyes ne causait point l'anglais et qu'il était paniqué à l'idée de monter dans un avion. C'étaient les mêmes qui, à l'occasion de la Primaire que préparait le Parti social, raillaient celui-ci en lui prédisant le pire ; ces ambitieux voyaient de l'ambition partout.

Il était vrai que les héros du Parti social se prisaient fort peu, parce qu'ils traînaient de solides rancunes, lesquelles menaçaient de ruiner leur entreprise. Lorsque Mme d'Aubry, duchesse de Solférino, se posa en candidate à la gare Saint-Sauveur de Lille, devenue salle de réunion, l'archiduchesse des Charentes, Ségolène, expliqua qu'elle n'avait point écouté son oraison, occupée qu'elle était au chevet des ouvriers. Quant à M. de la Corrèze, le premier à s'être déclaré, il se contenta d'un commentaire : « Si la duchesse de Solférino se présente, c'est pour remplacer M. de Washington, empêché par la police new-yorkaise. » Leur inimitié datait de la jeunesse quand chacun voulait dépasser l'autre. Ils se traitaient déjà de scorpion, d'oie blanche et de faux cul. A l'époque, le comte Delors les rassemblait et les divisait à la fois. Sous son aile large il les abritait en silence. La duchesse était sa fille, M. de la Corrèze son protégé, qui sembla un temps remplacer son fils récemment défunt ; et ils se jalousaient. « Il manque de caractère, le rondouillard », disait l'une ; « Ses discours sont plats », disait l'autre. Derrière eux se déployait l'archiduchesse des Charentes, une guerrière, une tenace, et culottée avec ça, qui en voulut bientôt aux deux ; la première avait truqué un vote pour lui ravir sa place à la tête du Parti social, le second l'avait plaquée pour une gazetière. La première faisait du vélo, le deuxième du scooter, la troisième défendait la voiture électrique : en cela seulement ils ne polluaient point l'atmosphère, mais ils s'apprêtaient à l'affrontement de la Primaire, rejoints par d'autres, un M. de Montebourg qu'on traitait de paon, le plus à gauche, et par le mieux à droite, M. Valls, duc d'Evry spécialisé dans la sécurité. Ils se disputaient des soutiens, formaient leur clientèle, faisaient assaut de chiffres. A des élèves qui l'interrogeaient au lycée français d'Alger, M. de la Corrèze répondit : « Pourquoi ils ne votent pas tous pour moi ? Je me suis toujours posé cette question. Déjà comme délégué de classe, puis à Sciences-po, à l'ENA, aux législatives... » M. de la Corrèze avait en sa faveur la volonté de marcher vers le Trône ; il s'y préparait ; il devait se forger un physique mieux conquérant et perdre du bedon, parce qu'il avait remarqué que sous Nicolas Ier, les ronds n'avaient plus la cote. Notre Filiforme Souverain ne mangeait que du fromage blanc allégé, et il exigeait que ses ministres fussent sveltes et plats comme des planches à pain, forcés de délaisser le superflu de leur poids ; on vit M. Douillet, lequel avait le volume d'une armoire normande, fondre de trente-cinq kilos pour obtenir un maroquin, et non point un marocain comme l'écrivait Mme de Morano qui rêvait d'avoir un boy pour l'éventer et la servir à table. Le régime du paraître était obligatoire. MM. d'Hortefouille et Larcher-du-Sénat s'amincirent de force entre 2007 et aujourd'hui. Mme de Bachelot retrouva sa taille de fillette en se délestant de vingt kilos. Parfois, puisqu'il était bon vivant, M. de la Corrèze se permettait une entorse à cette contrainte, et au *Central*, sa brasserie de Tulle, des habitants le surprirent en train de dévorer, après sa terrine de canard, un filet de bœuf sauce périgueux.

Les impériaux commençaient à se garder de lui depuis qu'il dépassait Sa Majesté dans les pourcentages des sondeurs. Ils répétaient inlassablement les répliques fourbies au Château : « Il n'a jamais été ministre. Si le roi Mitterrand et le commodore Jospin ne l'ont point nommé, ils devaient avoir leurs raisons ! » M. de Louvrier, le Premier valet de chambre, participa à la bataille : « M. de la Corrèze se fatigue déjà. Les gens veulent une locomotive, pas une petite voiture. » M. de la Corrèze faisait le sourd : « J'ai cette qualité, disait-il : je n'entends rien. » Il suivait son chemin.

Imitant les rois Mitterrand et Chirac qui ne manquaient jamais les électeurs, jusque dans les hameaux, M. de la Corrèze parcourait en moins d'une heure un atelier de cuisine et un autre de couture, un club du troisième âge, une garderie, un cours de *dance country*, une salle d'échecs, une autre de modelage : « Ça va ? Tout se passe bien dans le quartier ? Bonjour, bonjour... » Il plaisantait ici, souriait aux enfants, répondait aux questions des gazetiers qui le coursaient. Avant le meeting du soir, il avait encore une gerbe à déposer devant le monument aux morts, une autre pour les victimes du travail, une veuve à soutenir, un site minier reconverti en musée à visiter. « Il pioche dans notre électorat », se lamentait un impérial.

Chapitre II

LE RETOUR DE M. SPARADRAP. – COMME BILL CLINTON. – NUAGES SUR LE PARTI IMPÉRIAL. – LES AFFAIRES REPRENNENT. – PORTRAIT DE M. BALLADUR EN MAMAMOUCHI. – LE SÉNAT VIRE AU ROSE. – NATIVITÉ À LA MUETTE. – FIN DE MOUAMMAR-LE-CRUEL. – UN AUTOMNE ARABE.

Au Château, le chevalier de Guaino entra en frétillant dans le bureau impérial :

— Votre Jubilante Majesté, *il revient* !

— Qui c'est qui r'vient ?

— M. de Washington, Grandiose Leader ! Le procureur new-yorkais lui a rendu son passeport !

— M'en fiche ! Peut plus s'présenter contre moi, il est cuit, archicuit, grillé, calciné comme une pizza qu'on a oubliée dans l'four !

— Certes, Monarque Superbe, mais sitôt à Paris il devient l'indécollable sparadrap du Parti social ! Il va leur gâter les élections internes ! Voyez plutôt le processus, Sire...

— C'est ça, qu'on voie le prossus.

Le chevalier ouvrit l'album qu'il portait sous le bras. C'était *L'Affaire Tournesol.* Après l'explosion qui a détruit le pavillon du professeur Topolino, le capitaine Haddock est sorti des décombres sur une civière ; page 26 il a un sparadrap sur le nez, qui ne se décolle qu'à la page 45 pour se retrouver sur le pouce du capitaine, lequel secoue la main avec vigueur pour se débarrasser du fâcheux pansement ; celui-ci s'envole vers le chapeau d'une voyageuse de l'avion, puis au bout du doigt d'un moustachu à binocles. Il agite à son tour la main, saperlipopette le pansement revient sur la casquette du capitaine, et ainsi de suite dans la carlingue en émoi, sur le gant d'une dame pincée, sur le pouce d'un chauve sévère, jusqu'au pilote qui en oublie ses commandes et prend du retard. Le chef des douanes syldaves en hérite page 47 quand il donne la main à M. Tintin qui a décroché le maudit pansement de la veste du capitaine.

De cette péripétie, les gazetiers avaient créé un cliché, mille fois redit, pour désigner un intrus dont on n'arrive pas à se défaire. « Patatras ! écrivait un gazetier. C'est M. de Washington qui, une fois de plus, a ravi les micros au Parti social ! » Au lieu de parler de leurs candidatures aux Primaires, les sociaux avaient dû commenter le retour de M. de Washington. « J'ai hâte de rentrer dans mon pays », avait expliqué ce dernier en sortant du tribunal ; il avait précisé d'une phrase assassine : « Je m'exprimerai plus longuement quand je serai de retour. » Zut et rezut ! pensèrent les sociaux ; pour la façade, ils durent se montrer réjouis de l'heureuse issue d'un procès contre celui qui fut un favori pour écrabouiller Nicolas Ier. Cependant, s'il intervenait, ne ferait-il point naître des regrets ? Les gens se diraient : Houlà ! en économie, il a réponse à tout. Ne soulignerait-il pas que les autres candidats ne l'étaient que par défaut, en profitant de son absence ? « Nous n'imaginions pas que la fin de l'histoire pourrait arriver si vite », s'éberlua la représentante d'Indre-et-Loire. Allait-il remonter en selle après ses épreuves ? « C'est un homme qui a été foudroyé », dit un proche d'autrefois, et un autre de ses fidèles qui ne l'était plus : « Cela ne remet pas en cause le fait qu'il s'est mis dans une affaire épouvantable qui le place en dehors du jeu. C'est un gâchis terrible ! »

Avant qu'un ouragan n'empêchât les avions de s'envoler, M. de Washington quitta prestement New York pour retrouver sa demeure en brique rouge de Dumbarton street, à Georgetown, où il avait filé en famille des jours sereins, et qui fut aussitôt mise en vente. Il se rendit ensuite dans le building blanc du Fonds monétaire pour s'excuser auprès de ses anciens collaborateurs du dérangement qu'il avait causé ; il y en eut pour l'applaudir, mais la plupart étaient passés à autre chose. Puis il embarqua sur le vol Air France UI7 et atterrit très tôt un dimanche à Roissy. Il portait un jean, une veste noire et le col ouvert ; il poussait un chariot de valises entre des rangées de policiers en bonnets qui contenaient mal des gazetiers qui tendaient leurs micros au bout de perches, mais il n'eut pas un mot pour eux, se contentant de sourire, et ce fut au milieu d'une caravane de motos qu'il fut raccompagné chez lui, comme un prince nouvellement élu s'en allant au Château. Les motards de l'aéroport firent la jonction avec leurs confrères qui patientaient devant la porte n° 13 de la place des Vosges. M. de Washington plongea dans cette foule sans un mot et disparut par le portail entrebâillé en saluant de la main. Ce mince événement éclipsa le discours que M. Fillon, duc de Sablé, tenait à Marseille devant des jeunes impériaux.

Les jours suivants, on nota que les touristes du quartier modifiaient leurs visites à la maison de Victor Hugo ou à l'hôtel de la marquise de Sévigné. L'immeuble de la place des Vosges les attirait comme du miel les ours. Profitant du va-et-vient, un accordéoniste de rue s'installa à côté du porche si photographié, espérant quelques sous supplémentaires, les concierges voisines lavaient leur trottoir sans lever les yeux, les garçons de café soupiraient. Des Ukrainiennes indignées se dépoitraillèrent sous les arcades pour attirer l'attention sur le logis de Barbe-Bleue. M. de Washington avait fait des dégâts, et cela se poursuivait. Le Parti social essaya de le tenir à distance ; la duchesse de Solférino affirma en personne, par quelques mots répétitifs, l'embarras dont elle avait du mal à se dépêtrer : « Je pense la même chose que beaucoup de femmes. L'attitude de M. de Washington vis-à-vis des femmes... » Elle se fit peindre dans un magazine parmi les consœurs les plus en vogue de son Parti. Un sénateur de cette même étiquette fut obligé de démissionner parce qu'il avait harcelé ses employées.

Treize millions de personnes suivirent sur les fenestrons la confession de M. de Washington. Chaque mot en était pesé, avec une impression de déjà-entendu, car, si on posait ses propos en miroir à côté de ceux du repenti M. Bill Clinton, on leur trouvait une fraternité. Tous deux étaient graves, en costume sombre, chemise blanche et cravate bleue. Ils disaient leurs phrases écrites avec la gorge nouée :

L'Américain : J'ai eu une relation avec Mlle Lewinsky qui n'était pas appropriée.

Le Français : Ce qui s'est passé, c'est une relation inappropriée.

L'Américain : En fait, c'était mal.

Le Français : Plus que ça, c'était une faute.

L'Américain : C'était une énorme erreur de jugement et une faiblesse personnelle de ma part.

Le Français : Je crois que c'est plus grave qu'une faiblesse. Je crois que c'est une faute morale.

L'Américain : Je le regrette profondément.

Le Français : Je le regrette infiniment.

A cause de ces troublantes similitudes, nous avions l'impression que M. de Washington s'adressait à des jurés de New York, avec les mots adaptés à leurs mœurs, parce qu'il avait encore à comparaître au civil dans le Bronx, pour lequel il n'irait point en prison mais à la banque vider son coffre pour dédommager sa victime ; à défaut d'un arrangement négocié.

M. de Washington perturbait aussi le Parti impérial tout autant que la campagne des Primaires, qui mangeait énormément de temps d'antenne. M. de Washington avait parlé vingt minutes sur un fenestron public très suivi, ne fallait-il pas réclamer pour un impérial le même temps afin d'équilibrer ? Sœur Boutin pensait inadmissible qu'on offrît de tels meetings à ses adversaires. Pour répliquer, le Parti impérial avait réalisé un court film qui ramassait les piques que s'envoyaient entre eux les participants de la Primaire ; il fallait éclairer les masses sur leurs tensions qui s'avivaient. M. d'Hortefouille riait de cette gabegie dans un parti qui n'avait pas de chef naturel comme au Parti impérial, où tous étaient unis derrière l'Incontestable Leader.

Unis, peut-être pas. Des lézardes apparurent huit mois avant la Dispute du Trône. Notre Ombrageux Monarque était donné vaincu, même s'il n'entendait se déclarer qu'au dernier instant. Il voulut changer de style sinon de fond. Ses discours permanents avaient saturé les oreilles de ses sujets, il apprit à se taire, se voulant une stature et de la hauteur, laissant les affaires banales du quotidien à son Premier, qui en fut ressuscité, M. Fillon le transparent duc de Sablé. Le Prince se tut sur son annulation du bouclier fiscal et d'autres prélèvements désagréables aux fortunés, il se tut aussi sur sa loi essentielle à propos de la dépendance des personnes âgées, laquelle tomba dans l'oubli. Il se contentait de pousser ses dogues contre les sociaux et leurs projets coûteux. Le maître de la crise, le sage, c'était lui ; ses concurrents étaient des couards. Au Parti impérial, les esprits n'étaient toutefois point si calmes. Une taxe accrue sur les parcs de loisirs déplut fort aux députés qui avaient ce genre de divertissement dans leurs territoires. Le sénateur Raffarin glapit comme si on l'égorgeait :

— C'est un impôt sur les pauvres !

— Moi, répondit le Prince, attaquer les pauvres ?

— Ces parcs sont des vacances pour ceux qui ne partent pas en vacances !

— T'es irresponsable !

— C'est une erreur sociale ! Une menace sur les vingt-trois mille salariés qui se déguisent en druide, en shérif ou en souris !

Pour apaiser cette vague qui pouvait grossir, Sa Majesté oublia aussi sec la vilaine taxe. Des brèches néanmoins demeuraient ouvertes ; l'avenir des impériaux semblait noir, quand ils réalisaient que le Prince n'avait pas de projet ni de programme. Lui passait outre et il fallait boire ses paroles :

— Je ne gagnerai pas parce que j'serai aimé, mais parce que j'suis crédible !

— Sire, qu'il en soit ainsi !

— Et mon intervention en Libye ? Depuis Lawrence d'Arabie jamais un pays occidental avait tendu la main à la rue arabe !

— La rue arabe ? certainement, Sire.

— Soyons tenaces comme j'le suis moi-même !

— Evidemment, Sire.

Notre Vibrant Monarque remonta sur son cheval de guerre et partit en campagne électorale avant l'heure et aux frais de l'Etat. Dans les Vosges il promit une pelletée d'emplois aidés ; en Seine-et-Marne il annonça trente mille places de prison supplémentaires. Pendant ce temps, le duc de Meaux s'escrimait ; il tonnait contre le baron Guérini de

Marseille, un chef local des sociaux qui était accusé de trafic et de corruption après avoir donné à son frère les ordures municipales. Il criait, le duc de Meaux, mais sa voix ne portait pas ; cette affaire occupait moins les gazettes que celles touchant au Parti impérial ; périodiquement, elles refaisaient surface avant d'être étouffées.

Ce fut un gros bandeau voyant qui clignota dans les kiosques : « Le procureur de Marseille a espionné un gazetier. » Nous avions désormais l'habitude de cette pratique. Plus les scandales s'additionnaient et se mélangeaient aux bords du pouvoir, moins le peuple y entendait quoi que ce fût. Fort de son statut et de son impunité, un magistrat s'était donc fait communiquer les factures téléphoniques d'un enquêteur qui étudiait les tueries dans le milieu corse, citant des noms de commanditaires qui effrayèrent les caïds, lesquels, même en prison, craignirent qu'on les égorgeât ou les pendît. L'an passé, déjà, ces factures qu'on avait affublées du sobriquet de fadettes avaient fait hurler. Un autre procureur familier de Notre Majesté avait ordonné qu'on épluchât les coups de fil de deux gazetiers, à propos de ce qu'on désignait depuis longtemps comme *l'affaire Bettencourt*, où des hommes politiques, dont Notre Gracieux Leader, auraient empoché pour leurs combats électoraux des liasses discrètes dans des enveloppes en papier kraft. Comment être sûr de ces dons de la main à la main ? Il y avait des soupçons forts mais jamais de preuves directes, aucun enregistrement, aucune trace ou si peu, moins encore d'images. Les Bettencourt étaient milliardaires et leur univers était aussi feutré que leurs salons. Des gazetiers étaient cependant filés, cambriolés, il y eut des enquêtes sur leurs revenus... A Annecy, dans une charcuterie où il serrait des mains, Notre Mutique Souverain, interrogé par un gazetier qui fouinait là-dessus, répondit : « Ecoutez, on est en démocratie, on a bien l'droit d'pas répondre aux questions. »

Le chef des espions impériaux fut mis en examen pour atteintes au secret des correspondances, mais il n'en fut nullement atteint lui-même puisqu'il refusa de démissionner. Le ventre mal enveloppé dans son veston, le poil ras et dégagé sur le front, don Squarcini n'aimait pas qu'on parlât trop de lui ; jovial, il roulait son accent corse comme pour vous glisser une confidence, mais non, juste une galéjade. C'était un personnage de vaudeville, le second rôle indispensable qu'on retrouvait dans les films de gangsters des années cinquante, un homme en noir et blanc qu'on appelait tout de même le Requin, dangereux comme un squale, se faufilant de la même façon et prêt à mordre. Il avait ses entrées dans tous les services étrangers du Moyen-Orient, de l'Afrique du Nord, d'Europe, et même en Syrie où il renoua de sympathiques relations avec les hommes à tout faire d'Assad-aux-mains-rouges. A Marseille, où il fut un temps préfet, il fréquenta l'infréquentable baron Guérini, allant pique-niquer en sa compagnie dans les Alpilles ; ils ne parlèrent, bien sûr, que des grives de leur menu. Autour de lui, des interlopes, des marchands d'armes, des intermédiaires, des porteurs de valises et de secrets : Bourgi, Takieddine, Djouhri, le public les confondait. Dans l'entourage de Sa Majesté, pas du tout ; chacun d'eux avait son rôle défini. Quand vous leur demandiez quelque chose, ils montaient le son de la musique pour brouiller les éventuels micros dont ils se gardaient. M. Takieddine surtout devenait encombrant ; il savait trop de combines tordues, à force de vivre dans les coulisses du ministère de la Police où il avait ses entrées. Ce fut lui qui prépara les déplacements du cardinal de Guéant en Syrie, au Liban ou en Libye. Soudain menacé il se fit menaçant : « Je les tiens tous dans ma main ! Je peux tous les faire tomber ! Tous ! » Il était colère mais il avait côtoyé les sommités du Parti impérial et connaissait leurs travers, leurs marchandages, leur attrait pour le luxe clinquant. Dans sa villa du cap d'Antibes il avait reçu M. d'Hortefouille en short rayé, ou bien le duc de Meaux qui barbotait en nabab dans sa piscine, ou bien le comte Gaubert qui suivait Sa Majesté depuis Neuilly, duquel son épouse répudiée raconta à la justice comment il trimballait des valises d'argent liquide entre Genève et Paris, via Londres. Personne n'eut l'indiscrétion de poser à M. Takieddine des questions sur sa fortune, due aux ventes d'armes. Arrêté plus tard au Bourget avec dans sa mallette un million et demi d'euros en petites coupures, il expliqua aux douaniers que c'était une somme que lui avait donnée le gouvernement de Mouammar-le-Cruel.

Et voilà que M. Takieddine se retrouvait au cœur de *l'affaire Karachi* et de ses ramifications en forme de poulpe. Souvenez-vous. Nous étions le 8 mai 2002 au Pakistan. Un autobus qui transportait des ingénieurs de Cherbourg fut pulvérisé dans un attentat. Il y eut onze morts français. On accusa sur-le-champ les islamistes, puis on déplora, puis on s'assoupit, mais les familles des victimes exigeaient la lumière et qu'on dévoilât les coupables qui avaient amorcé la bombe. De juges en lentes procédures, on chercha pendant des années. L'hypothèse des islamistes arrangeait trop de monde ; elle tomba. On reconnut alors dans cet acte sauvage la main des services pakistanais. Les corrupteurs locaux avaient été floués, des gradés n'auraient pas touché leur commission intégrale sur la vente de trois sous-marins *Agosta* en 1994, quand le Suffisant Vizir Balladur, étant Premier des ministres, avait accepté de graisser des pattes velues pour obtenir ce marché des militaires en poste à Karachi. Parvenu au pouvoir et couronné, le roi Chirac avait voulu casser ce système et il aurait refusé de payer les malhonnêtes, mais quatre-vingts millions d'euros, d'une société à l'autre, d'un pays complaisant à l'autre, avaient voyagé en secret jusqu'au Luxembourg, dans la société Heine, sorte de plaque tournante qui ventilait des sommes masquées, mais à qui et où ? Ce fut Notre Stupéfiante Majesté, à ce moment maître du Budget et porte-parole du vizir Balladur, qui avait aidé d'un trait de plume à monter ladite société Heine. Mercor Finance, qui appartenait à M. Takieddine, que revoici, avait obtenu un contrat de 4 % sur cette vente de submersibles, soit, en francs d'époque, deux cent seize millions dont une part aurait servi à financer la campagne électorale du vizir Baladur, qui, fort de sa récente popularité et de son air sérieux, se présenta au Trône contre le futur roi Chirac, un ami de trente ans. Convoqué plus tard par un juge, l'Incroyable Vizir répondit d'une voix étale et d'une violente mollesse : « Les sommes déposées en espèces provenaient des collectes, des dons et de la vente de tee-shirts à mon effigie. » Ce versement en liquide, au Crédit du Nord, tenait dans quatre sacs remplis de vingt mille billets de cent et cinq cents francs, soit vingt kilos, soit plus de dix millions de francs. Ces liasses étaient neuves.

Combien M. Balladur avait-il vendu de tee-shirts et à quel prix ? Il n'en savait rien. Les histoires d'argent ne l'intéressaient guère, mentait-il, car les honneurs et les pièces d'or jalonnèrent son parcours. Derrière un visage en rondeurs tombantes, à quoi démasqué ressemblait-il ?

Il naquit en 1929 dans la très turque Izmir, connue pour ses raisins secs et ses chandails angora, et qui se nommait alors Smyrne. Catholiques fervents, les Balladur avaient fui l'Arménie deux siècles plus avant, et avaient échappé à maintes reprises aux sabres effilés des Perses qui voulaient en faire brochettes ; là, dans cette ville qui sentait les épices, la limande et la poussière, ils obtinrent du sultan des avantages douaniers pour négocier en mer Egée, et un certificat de christianisme avant une naturalisation qui les attacha à la France, et intervint trois ans avant la naissance du petit Edouard, lequel, sans cette grâce, aurait aussi bien pu se prénommer Nouredine ou Mustapha.

De cette âme levantine, l'Etonnant Vizir Balladur garda un goût des échanges commerciaux et bancaires, et en outre des sucreries, ayant remplacé la vulgarité du loukoum, quoiqu'il semblât pétri de cette pâte molle et enfarinée, par une très raffinée glace au café noir qu'il lapait chez *Angélina*, rue de Rivoli. Adolescent, M. Balladur se ressemblait déjà ; il se retirait en soi-même comme à confesse, peu affable, avec quelque chose de raide et d'embabouiné. Ebloui des grandeurs humaines, il y paraissait sans ostentation, il y était vu sans envie. Il mena une longue carrière terne, sans bruits, d'antichambres en conseils d'administration, préférant toujours contourner que heurter. Cette coquetterie de ton, on la retrouvait dans sa mise parfaite, à la manucurie de ses doigts, à la popeline de ses chemises, à cet esprit sur mesure de ses costumes anglais. Il se désinfectait la main quand elle avait dû en serrer une autre moins savonnée.

Lorsque M. Chirac devint Premier, il emmena M. Balladur dans son bagage et lui alloua le Trésor où il s'incrusta. Son cœur s'enfla et il regarda les autres comme étant d'un ordre inférieur à lui. Touché des très visibles attraits du palais du Louvre, il fit l'impossible pour y conserver ses bureaux. Voulait-on en faire un musée ? Il dépensa sans compter l'argent de l'impôt pour en interrompre les travaux, puisqu'il refusait qu'un homme de son rang se réfugiât dans le casernement tout neuf de Bercy. Il fit orner les escaliers et salons de bustes d'empereurs, rétablit les dorures et l'apparat, aménagea cette résidence pour quatre cent soixante-sept millions de francs. Il imposa une étiquette, que les laquais portassent des boucles d'argent véritable aux escarpins, et que des huissiers à chaîne le précédassent partout où il entrait.

M. Balladur exulta à Matignon quand M. Chirac lui abandonna le poste de Premier. Il s'autorisa à déplaire sans froisser son image sérieuse, et gonfla néanmoins la dette publique d'environ huit cents milliards de francs en deux ans. Il maquilla longtemps son immodestie pour parvenir au Château que semblait lui promettre son entourage de courtisans et la forte faveur de l'opinion. Pour cultiver celle-ci, il mena campagne pour le Trône. Il alla dans les provinces, qu'il ne connaissait jusque-là que par racontars ; puis il alla sur les marchés où il apprit qu'on ne moissonnait point le maïs en juillet ; une fois, on le vit monter sur une table pour dire son discours. Une autre fois son hélicoptère se posa dans une clairière, à cause du brouillard, et une femme en Mercedes blanche le prit en auto-stop, dit-on, et on se gaussa, et on poussa des cris en apprenant que la dame de cette mise en scène était cousine d'un de ses proches. Le peuple comprit bientôt que l'on pouvait, à son sujet, se tromper sur tout, et il choisit contre lui le roi Chirac que M. Balladur n'avait point réussi à décourager. Ses courtisans lui tournèrent le dos. Pour s'être cru infaillible, le vizir fut abaissé. Les soupçons naquirent de cette fastueuse campagne manquée. Les policiers se demandèrent où étaient passées les factures de dépenses de sécurité pour ses nombreuses manifestations ; ils conclurent : « On peut supposer que ce type de prestations ait été payé en numéraire. » Nous en revenions aux liasses baladeuses dont on ignorait la réelle provenance.

Un an après l'échec de M. Balladur, nous retrouvions pendu un jeune assistant des Renseignements qui piratait les conversations de ses amis, et lui-même acquérait un manoir à colombages dans le Calvados. Ses agents immobiliers, nous les connaissions déjà : c'était M. Takieddine qui, dans son hôtel particulier parisien, offrait des grands crus à ses invités, et le comte Gaubert qui conviait volontiers ses relations dans sa villa géante de Colombie, qu'il avait achetée avec des fonds sortis des Bahamas. Tous avaient l'argent fluide. Tous vivaient de combines financières et politiques. Tous portaient des valises de banquenotes. Tous jonglaient avec les lois. Tous étaient intimes et très convenables vus du dehors. Ils se protégeaient entre eux et se rendaient d'admirables services. Pendant dix ans, M. Takieddine quoique richissime n'avait payé aucun impôt, mais il avait ouvert un compte au Liban pour son ami Gaubert, lequel, maintes fois, avait hébergé à ses frais Notre Insouciante Future Majesté à Deauville, à Venise ou en Floride. Emettre un doute sur un membre de la bande, voilà qui touchait les autres. Les affaires toutefois se dévidaient, s'enquillaient, se multipliaient en se ramifiant, risquaient de battre aux portes du Château ; Notre Candide Prince voyait bien ces tentacules se rapprocher de lui, l'enserrer presque, l'étrangler peut-être, mais pour l'heure il se sentait à l'abri. Ainsi que fit toujours M. Balladur, il dépensait sans compter l'argent des autres et affirmait que le faste à lui aussi était dû. Le 14 février 1882, dans *Le Gaulois*, M. de Maupassant développa longuement cette évidence : « Voler dix sous est toujours voler ; mais faire disparaître cent millions n'est pas voler. » Le Prince s'accordait avec cette observation, même s'il la prenait, comme tout, au premier degré, et qu'il n'en percevait point l'ironie poivrée. A l'école de M. Balladur, Notre Calamiteux Souverain n'avait jamais l'impression de voler, sinon en jet privé, quand l'argent de l'impôt servait à sa gloire personnelle. Lorsqu'il mena campagne en 2007 pour conquérir le Trône, on vanta son bagout et son énergie électrique ; on oublia de chiffrer ce qu'il nous coûta. Un simple aller et retour entre Paris et Rouen valait plus de vingt-cinq mille euros en déplacement, et son grand spectacle du Zénith une bagatelle de plus de six cent mille euros. Le Prince, qui dirigeait alors la Police, ne mégotait pas. La loge où il méditait avant d'entrer en scène devait avoir cent mètres carrés, de la moquette, un mobilier, des sandwiches sans graisse et une machine à café.

Si l'on évoqua pendant des années les dons miraculeux et discrets de la grande-duchesse de

Bettencourt, on se dispensait d'ausculter d'autres réservoirs. Or, incrusté dans nos va-et-vient africains, l'avocat Robert Bourgi, dit Bob le Flambeur, avait tissé dans l'ombre de cordiales relations avec ces rois d'Afrique qui parlaient français. Bob le Flambeur héritait des réseaux installés par le baron Foccart et le baron Pasqua, hommes de silence et de menteries dont aucune saleté ne troublait l'âme. Quelques mois après son avènement, Notre Généreux Prince décorait Bob le Flambeur qu'il félicitait pour services rendus à la couronne. Cet obscur missionnaire de l'Etat parlait l'arabe et le wolof, oui, mais cela ne suffisait pas à consacrer un Libanais d'Afrique de père en fils ; il avait aussi offert à la comtesse Bruni un violon de trente mille euros pour fêter ses épousailles avec Notre Brillante Majesté, et il avait même arrangé, avec l'aide du roi Bongo qu'il appelait *papa*, une rencontre ultra-photogénique avec le Nobel M. Mandela, dont le couple impérial profita pour sa gloire. Ensuite, Bob le Flambeur devint bavard. A la surprise générale, comme un repenti de la mafia que le remords tenaille soudain, il raconta comment il apportait des dizaines de millions de dollars au roi Chirac, cachés dans des tambours africains ou des sacs de sport ; l'argent était récolté au Congo, au Sénégal, en Guinée-Equatoriale. Bob le Flambeur, allant plus loin pour servir Notre Suzerain, reconnut que ces vilaines pratiques n'avaient plus cours sous son règne fabuleux. Il avoua cependant, par accident, qu'avant la Dispute du Trône de 2007, il débarqua de Brazzaville et de Libreville avec deux mallettes de dollars ; il hésita un moment à les répartir comme il était prévu entre le duc de Villepin et le Prince, lesquels étaient en concurrence. S'avisant des chances de l'un et de l'autre, il remit les deux mallettes aux pieds de Sa Majesté Future pour aider sa cause forcément victorieuse.

En septembre on nota une nette désaffection des employés envers les entreprises ; leur travail ne les gratifiait guère, ni leurs salaires, aussi beaucoup d'entre eux démissionnaient. Mal traités, mal considérés, sans autorité, les maîtres d'école commençaient à manquer ; les survivants manifestèrent en masse dans les rues, le public et le privé pour la première fois mêlés. Au Parti impérial on préparait avec appréhension le renouvellement de la moitié des sénateurs ; la situation s'annonçait périlleuse parce que trois ans plus tôt le Parti avait déjà perdu vingt-cinq sièges et que le Parti social, hégémonique dans les régions et les départements, était au bord de l'emporter. Il fallait ménager ceux qui se cramponnaient à leurs fauteuils en velours et dissuader ceux qui entraient dans une franche dissidence contre des candidats imposés par faveur.

Le président Larcher, qui fut vétérinaire dans une autre vie, avec son coffre et sa lippe de gourmand, tentait de choyer les uns et de ramener les autres dans l'enclos commun, en les arrosant de dotations et de subventions ou de missions.

Le cas du sarcastique chevalier de Charon, ancien amuseur de la Cour, colporteur de bons mots et de médisances, posa un lourd problème. Le Prince ne décolérait point à son sujet depuis qu'il avait ri de la marquise de Jouanno, autrefois judokate, disant qu'elle entrerait aisément au Sénat « qu'elle soit sur les tatamis ou au lit ». Cela parut fort inconvenant au Château, laissant entrevoir la légèreté de cuisse de cette personne que la presse britannique avait prétendue l'amante éphémère de Notre Cavaleur Monarque. M. de Charon résista : « Je ne suis ni un amuseur, ni un trouillard, ni un gavé, ni un servile ! » Comme le poste qu'il briguait à Paris avait été promis à un fidèle du duc de Sablé, M. Fillon, le chevalier fut suspendu du Parti impérial. Il constitua sur-le-champ une liste rebelle malgré les pressions amicales puis menaçantes. « Il bluffe ! » disait l'un. « Il ne sera jamais élu ! » disait un autre. « Il risque de nous faire perdre un siège ! » grondait un troisième. Rien ne fit céder le chevalier, qui estimait son embonpoint conforme pour entrer au palais du Luxembourg. Sa Majesté répliqua en ravalant sa fureur : « M. de Charon ne pèse que le poids de sa graisse ! » L'autre, qui fut trente ans dans la proximité du Prince, avant sa disgrâce, bombant son estomac gorgé de ripailles, lança une perfidie : « Je ne savais pas que l'amitié avait des limites. » Dans les Yvelines, la Seine-et-Marne, le Val-d'Oise, les Hauts-de-Seine même, des listes pareillement dissidentes fleurirent.

Un 25 septembre, les sociaux emportèrent le Sénat de vingt-six sièges, ce que nul n'avait vu depuis 1947. Quelques-uns commencèrent à penser que Notre Eclairé Leader portait la poisse, lui qui réussissait à perdre toutes les élections de son règne ; il y eut la déculottée des municipales, de médiocres européennes, la débâcle des régionales où les impériaux ne conservèrent que l'Alsace, à nouveau la déconfiture aux cantonales. Le chevalier de Charon sortit vainqueur de l'épreuve contre le protégé de M. Fillon, lequel prit une claque. Qu'en pensait Sa Majesté ? Rien. Elle eut ce simple mot : « C'est pas à moi de réagir. C'est aux partis de faire ça. » Les partis réagirent donc. Pour choisir le président du Sénat, le monumental M. Larcher intrigua, débaucha des marginaux de l'Empire, des hésitants, quand il dut renoncer à ces manœuvres d'arrière-cuisine. « A quoi ça ressemblerait, un président de droite à la tête d'une assemblée que vient de gagner la gauche ? » dit un conseiller outré, et l'un de ses compères de l'Assemblée renchérit :

« Assez de petits arrangements ! » Un impérial jugea pitoyable cette attitude de mauvais perdants. La semaine suivante, le très social M. Bel, surnommé Bébel par les siens, fut hissé sur le plateau, succédant au pachydermique M. Larcher, fort marri, qui sentait filer sa rente.

Le président Bel devenait le troisième personnage de l'Etat selon le protocole, et c'était lui qui assurait en cas de défaillance, crise cardiaque, accès de folie ou mortel ulcère à l'estomac, l'intérim de Notre Crispante Majesté. « On ne m'a pas montré comment fonctionne le bouton atomique », dit-il sur le mode plaisant. Avec son accent roulé et chantonnant, et son allure de danseur de tango, M. Bel avait poussé ses racines dans le Tarn. Fils d'un résistant communiste et d'une mère amarrée aux syndicats, il eut une enfance militante avec, en exemple, ce grand-père cheminot qui périt sous le bombardement de la gare Saint-Charles, à Marseille. Suivant cette heureuse et naturelle lancée, il combattit le tyran de Madrid, chanta *Franco la muerte* de M. Léo Ferré, et, ainsi que dans un livre de M. Jorge Semprun, porta en Espagne des tracts et des instructions aux clandestins. Il raffolait toutefois du socialisme tropical et avait épinglé à son mur la célèbre photo du « Che » au cigare. Il visita les Caraïbes et la Catalogne, qui furent ses deux jambes pour le porter, mais il fallait un métier, il donna des cours de tennis à des jeunes gommeux, dirigea une station de ski. Il avait un réel profil de moniteur, un air avantageux de séducteur latin. En épousant la fille d'un notable de l'Ariège il aperçut derrière elle la politique mais apprit la patience en élevant des truites. Au printemps 1981, il fut ébloui par l'apparition du roi Mitterrand nimbé de roses et, s'engageant à sa suite, devint maire, conseiller général, secrétaire de sa fédération, trésorier un temps du commodore Jospin, sénateur enfin après avoir grimpé chaque échelon sans vacarme et dans un joyeux anonymat. Nul ne lui savait d'ennemi, et même M. Larcher, qu'il avait mis à bas, voyait en lui un homme raisonné et raisonnable. En permanence bronzé, avec un air de dilettante, M. Bel se retrouva un dimanche à présider le Sénat qu'il rajeunit, comme le rajeunissait sa jeune seconde épouse, fulgurante mannequin à Cuba avec laquelle nous l'imaginions danser la samba.

Tandis qu'une handicapée souriante était enlevée par des pirates somaliens, tandis que le duc de Valenciennes, M. Borloo, abandonnait la course du Trône à cause de la maigreur de ses troupes, les gazetiers planquaient depuis trois semaines devant une clinique privée du groupe Ramsay Health Care. La rue Nicolo était bouclée, les caméras et autres appareils attendaient groupés derrière des barrières métalliques, cent mètres plus loin. Les habitants de la Muette louaient leurs fenêtres aux échotiers pour quinze cents euros la journée ou cinq mille la semaine, juste en face de la maternité. Des véhicules de police remplaçaient ceux des riverains et des inspecteurs en civil patrouillaient en fouillant les sacs des passants. Il était interdit de stationner plus de deux minutes devant le hall d'entrée de la clinique. Que se passait-il de si grave pour que des libellistes vinssent de Chine, de Russie, d'Italie, d'Angleterre ou d'Allemagne ?

Le couple impérial attendait un bébé d'un instant à l'autre.

Madame avait quarante-trois ans, l'affaire était complexe et on retenait son souffle face à un semblable événement. Après deux années d'assistance médicale, ça y était presque. Madame n'en pouvait mais de son gros ventre et des contraintes. « Ne plus fumer ni boire de vin, disait-elle, j'ai hâte que ça se termine. » Il y eut des fausses rumeurs, alors les gazetiers se pressaient pour guetter le cinquième étage privatisé de la clinique. Fausse alerte, nouvelle rumeur, nouvelle galopade, autre rumeur. Madame avait prôné la discrétion totale sur les fenestrons, où on la vit cependant plus que d'habitude. La voici à la journée du patrimoine dans les jardins du Château, la voici chez le barde Drucker, héros des ménagères et compagnon de vélo de Sa

Majesté Musculeuse : « C'est un moment où on a envie de se cacher, disait-elle en s'exhibant. C'est un moment un peu privé, au fond. » Partout elle répétait : « Je ne montrerai jamais des photos de cet enfant. » Elle précisa devant des millions de téléspectateurs : « L'exposition à la vie publique est un choix d'adulte. » Peu de jours avant l'accouchement, on la vit en train de téléphoner en plein air devant sa maison d'Auteuil. Plus tard dans la soirée, avec Notre Radieux Souverain et cinq gardes du corps elle marcha cinquante mètres sous les flashes, pour entrer chez *Honoré*, rue Bosio, où, à leur table favorite près de la cheminée, Nos Altesses mangèrent une salade d'écrevisses au curry, des ravioles de Royan aux herbes et à la crème fraîche pour elle, un pavé de romsteck pour lui. Le lendemain on surprit Madame chez Natalys, rue Tronchet ; elle en sortit par une porte cachée, avec un babyphone Tomy Classic à soixante-dix-neuf euros quatre-vingt-dix-neuf centimes, des bodies Petibodi et une grenouillère Panpan.

Le mercredi matin du 19 octobre, abrités derrière un paravent de gardes du corps qui portaient des valises, le Prince et Madame entrèrent à la clinique de la Muette par la porte du service de radiologie, que les gazetiers surveillaient mal. Nicolas Ier repartit peu après au Conseil de ses ministres, revint, fila ensuite à Francfort où il devait pour la énième fois panser l'euro blessé. L'enfant naquit en criant selon l'usage. C'était une fille. La petite Giulia mesurait quarante-neuf centimètres et pesait plus de deux kilos et demi, soit le poids d'un gros rôti de bœuf pour une tablée de huit convives. Le roi du Maroc envoya un panier démesuré d'orchidées blanches, la Reichsführer Merkel offrit un nounours beige assez moche, Madame de Chirac une robe à smocks de Dior car elle connaissait les bébés, leurs coquetteries et leurs caprices. Le père allait-il prendre un congé parental, comme Lord Cameron en Grande-Bretagne ? demandèrent avec ironie les gazettes. Ce fut l'archiduchesse des Charentes qui répondit : « En mai prochain, au Prince, on va lui donner cinq ans de congé ! Bon débarras. » Mme Ségolène avait encore de la repartie, davantage que Mme de Montretout, de la dynastie Le Pen, qui trouva fort déplacé qu'un souverain français attribuât à sa fille un prénom italien, préférant Marcelle ou Paulette ou Simone, des sonorités près de chez nous.

Au même moment, un ancien bébé, qui se comparait à la reine d'Angleterre et se fit ôter les rides par un chirurgien brésilien, mourait violemment à Syrte où il était né dans sa tribu. Des avions de chasse occidentaux et des révoltés avaient pendant des mois traqué Mouammar-le-Cruel comme dans *Les Chasses du comte Zaroff*. Son palais fortifié de

Bab al-Azizia venait d'être pilonné mais il n'y était plus. Le dictateur possédait des propriétés dans le Sud, peut-être s'y était-il réfugié ? A moins qu'il ne fût passé en Algérie, de même que sa femme Safia et sa fille Aïcha, lesquelles avaient déjà fui dans un hôtel tunisien de l'île de Djerba. A Tripoli, dans la villa d'Aïcha, les coffrets à bijoux Chopard avaient été vidés, et les fenestrons à écran plat disparus ; personne chez les insurgés ne déroba, dans le hall, le hideux canapé doré en forme de sirène. La guerre de Libye s'était poursuivie pendant huit mois, de pillages en violences contre les civils, de règlements de comptes et d'avancées en reculs, d'offensives en raclées. Dès qu'on libérait un village ou un morceau de désert, on découvrait des horreurs ; on crut avoir déterré les restes de prisonniers politiques à côté de la sinistre prison d'Abou Salim, mais non, ce fémur appartenait à un mammifère, et là, entre deux boîtes de conserve, un os de dromadaire et une mâchoire de mouton. Mouammar-l'Ignoble avait commis assez de tueries pour qu'il ne fût pas la peine d'en inventer.

Notre Belliqueux Monarque, lequel avait passé son service militaire en temps de paix, dans les bureaux de l'armée de l'Air, place Balard, était d'un coup devenu généralissime contre ce Bédouin qui l'avait insulté, en exposant au monde comment il avait financé à millions sa campagne victorieuse pour l'élection du Trône. « J'vais l'mettre plus bas que terre, Mouammar ! » éructait Notre Outrageux Tyranneau qui priait pour que le maudit se tût enfin. Le Prince avait un blason à rafraîchir ; puisqu'il avait manqué le printemps arabe en Tunisie et en Egypte, Mouammar paierait, nom d'un chien ! Notre Intrépide Leader poussa les feux, il envoya des sous-marins surveiller les plages libyennes, des espions au sol et des instructeurs déguisés, un vieux porte-avions, des missiles sol-air Scalp, des avions Rafale, des bombes, tout cela pour un million d'euros par jour, même si, au début, les directives et le matériel relevaient de la lourde machinerie américaine.

Ce n'était plus une guerre humanitaire.

C'était un duel.

Ce duel devait s'achever par la mort de Mouammar.

Ainsi fut fait.

Le Bédouin était dans Syrte bombardée, parmi les ruines ; son périmètre se rétrécissait chaque jour. Dès qu'il eut mangé ses réserves de riz et de macaronis, il survécut avec de l'eau sucrée. A l'aube du jeudi 20, il s'enfuit dans une Toyota Land Cruiser escortée par quarante voitures et camionnettes. La colonne sortit de la ville assiégée comme les rebelles dormaient encore, mais un drone Predator américain repéra la colonne qui roulait vers le désert, tira un missile qui troua la route et tordit trois voitures du convoi. Plus tard, les fugitifs se trouvaient sous le feu d'une brigade révoltée, et, à onze heures, des jets français larguèrent des bombes sur ces véhicules chargés d'essence et de munitions qui explosèrent. Mouammar était blessé à la tête, il tituba entre les eucalyptus jusqu'à une grosse canalisation qui passait sous la route, où il pénétra à quatre pattes. Autour, les tirs continuaient. L'un des gardes du dictateur se rendit et indiqua aussitôt la cachette. Un étudiant en électricité débusqua Mouammar en le tirant par le col et en lui arrachant des mains son 357 magnum et un browning en or ouvragé. Saignant de la tête, le fugitif fut alors happé par une mauvaise foule qui le bourra de coups et lui tira les cheveux « Ça va ! Vous me voulez quoi ? » balbutia le Guide Suprême. Il reçut deux balles dans les poumons, tomba à genoux, cracha son sang. Il y eut encore des cris et des coups de feu. On emporta son cadavre à Misrata, vers le grand marché de Souk al-Arab ; on l'exposa tout moulu et tout sanglant dans la chambre froide d'une boucherie en gros. La population des environs fit la queue en famille pour regarder le gisant et s'assurer qu'il ne s'agissait point d'un sosie.

— Tiens ! Regarde la tête du serpent, dit à son frère un vendeur de kebab.

— Dis donc, sans chapeau il était chauve...

— Comment a-t-il pu nous faire aussi peur ?

Il n'était plus question d'un procès ; à Paris, à Londres et à Washington on s'en félicitait sans le dire trop haut. Ainsi s'éteignaient bien des compromissions puisque Mouammar allait garder pour lui ses révélations gênantes. Nicolas Ier était radieux de cette issue. Il revendiquait tout, la décision, la ténacité et la victoire. La résolution 1973 de l'Organisation internationale des Etats-Unis ? c'était lui ; elle autorisait l'emploi de la force mais avait été inspirée par les Américains. Et la notion de *responsabilité de protéger* les peuples en péril ? c'était encore lui, quand elle était due aux Canadiens, qui avaient inventé ce concept onze ans auparavant.

Sitôt Mouammar jeté en cachette dans un trou du désert et recouvert de sable, des affairistes en cravate déboulèrent en Libye. Le duc de Bordeaux résumait la situation : « L'intervention militaire était un investissement sur l'avenir. » C'était-à-dire qu'après avoir réduit des villes en bouillie, il fallait les reconstruire et que ça ne serait pas gratuit dans un pays gorgé de pétrole. Chacun essayait de se placer dans les banques ou dans le gaz. M. Takieddine aurait déjà reçu une commission de six millions et neuf cent mille euros du groupe Total et de son directeur à moustache en balayette, pour un contrat d'exploration et de production de pétrole patronné par le Château. Nos industriels arrivaient en délégations ; ils discutaient de santé, d'eau, de sécurité, de transports, de tout ou presque, et surtout de ces forages pétroliers qu'il fallait remettre en marche. Les Turcs et les Chinois attendaient en embuscade.

Restait l'essentiel, le problème de ces armes qui proliféraient et s'évanouissaient. Le président d'une commission de l'Union africaine, qui abandonna la guerre lorsqu'elle changea ses objectifs, et servit moins à protéger des civils qu'à pourfendre Mouammar, avait prévenu : « Tout le monde arme tout le monde. Le Bédouin-Cruel distribue des armes à la population, et les Royaumes européens aux rebelles. Ces armes se retrouvent tôt ou tard dans le désert entre les mains des terroristes. » Il y avait, disait-on, cinq millions d'armes légères en circulation. Des milices rivales se partageaient le territoire comme auparavant les tribus. Chacun puisait à sa guise dans un arsenal à ciel ouvert et la contrebande s'organisait. Dans l'oasis de Joufra, on savait une usine où des Serbes fabriquaient de la dynamite ; plus loin, une centaine de bunkers creusés dans la montagne abritaient des armes chimiques. Des munitions dormaient dans les fermes ou les hôpitaux. Avant Waddan, au creux d'un canyon, des hangars roses étaient remplis d'obus et de missiles antichars à tête explosive. Des Américains affirmaient que des missiles SA7 avaient passé au Mali. Les mercenaires de Mouammar rentraient au Soudan, au Tchad, avec leur armement, et les Touaregs aussi. La région était devenue poreuse, les frontières existaient peu. Roquettes, obus au phosphore, explosifs, munitions à foison, missiles portatifs descendaient au Sahara ; de fabrication russe ou française, des milliers de tonnes dangereuses se promenaient au Darfour, au Mali, au Niger, contrées instables qu'occupaient des islamistes forcenés. Un combattant d'Allah très fanatique fut intercepté à Tunis avec vingt kilos d'explosifs destinés à faire sauter l'ambassade de France. On avait repéré les terroristes au nord du Mali, dans le massif de Tighaghar, mais ils se déplaçaient, suivant la route des caravanes du sel entre l'Atlantique et la mer Rouge... On entendait naître dans les sables un nouvel Irak ou un nouvel Afghanistan qui, se rapprochant de la Méditerrannée, effrayait fort les Européens, comme les effrayait ce qu'ils nommaient maintenant l'automne arabe, cette reprise en main par l'Islam de régions islamiques qu'on avait rêvées démocrates comme nous ; avec une certaine innocence. Même sous les dictatures renversées, l'islam était pourtant une religion d'Etat. Il l'était en Egypte sous le pharaon Sadate, chez le bey Bourguiba en Tunisie puis chez M. Ben-Ali-le-Cupide où un Français devait se convertir s'il voulait épouser une musulmane. En Libye, le nouveau drapeau recopiait celui du roi Idriss qui soutenait la confrérie des Sénoussis. Partout en Orient les islamistes avaient monté des réseaux sociaux ; les malheureux qu'ils avaient aidés les saluaient en fréquentant leurs centres religieux. Chaque révolution étant une coupure brutale, les excès étaient légion, mais la Révolution française ne se réduisait pas aux massacres de Septembre ni aux deux mille sept cent quatre-vingt-quinze guillotinés parisiens où l'on trouvait pêle-mêle un marchand de drap, un musicien, un palefrenier ou un fermier dont les têtes déplaisaient à ce Fouquier-Tinville qui présidait le tribunal entre deux vins. La terreur succéda un temps au sursaut contre les rois ; au Moyen-Orient la religion voulut établir sa loi. Chez les officiers qui verrouillaient l'Algérie, celui qui quittait l'islam se faisait traiter de renégat ; un maçon converti au christianisme fut poussé devant le tribunal d'Oran pour injures contre le Prophète et récolta cinq ans de prison : « Tu es habité par le démon ! » criaient les policiers venus l'arrêter. L'intolérance frappait aussi la Tunisie. Les islamistes avaient emporté la première élection libre, à cause des mouvements laïcs morcelés et bavards ; les locaux de Nessma-TV furent attaqués par des violents qui protestaient après la diffusion d'un dessin animé où Allah figurait en vieux barbu, et la maison du directeur de ce fenestron pillée. Les jeunes qui avaient déclenché le printemps espéraient que l'automne déboucherait sur un nouveau printemps. Ils avaient vingt ans. Dans quelques années ils accéderaient avec leur génération au pouvoir.

Pour l'heure, c'était l'hiver en Syrie. Le monde ne bougeait pas, menaçait pour rien, paralysé par la Russie et par la Chine, ces dictatures qui soutenaient les dictateurs par crainte d'être à leur tour balayées. Assad-aux-mains-rouges massacrait avec méthode, au char, au fusil et au couteau, pendant que la *so british* Mrs Assad faisait ses emplettes dans les boutiques de Mayfair.

Chapitre III

PANIQUE AU CHÂTEAU. – LA BATAILLE DES PRIMAIRES. – UNE JOUTE DE BONNE TENUE. – VICTOIRE DE M. DE LA CORRÈZE. – SON PORTRAIT EN FIN STRATÈGE. – LE PARTI IMPÉRIAL PASSE À L'ATTAQUE CONTRE LUI. – HOMMAGE À M. MICHEL AUDIARD : L'APPARITION DE DODO LA SAUMURE. – M. DE WASHINGTON ACCABLÉ. – MADAME VOLE AU SECOURS DE SA MAJESTÉ.

Notre Abrasif Leader aimait jouer avec les nerfs des autres. A ceux qui le pressaient de se déclarer pour la Dispute du Trône, il répondait en souriant que le temps jouait pour lui et qu'il avait des occupations autrement importantes ; il réfléchissait à la manière de ranimer une monnaie qui défaillait, pratiquait sept heures de sport par semaine et lisait *L'Idiot* de Dostoïevski. Le lendemain qu'il eut perdu le Sénat, il déjeunait avec des professionnels du cinématographe avant de s'en aller dans l'Oise deviser des carburants verts. A la fin, que voulait-il ? grognait son entourage. A force de semer l'incertitude, le doute saisissait ses plus hardis partisans. Les affaires, les valises de billets, les proches du Prince éclaboussés ou mis en cause par des juges, tous ces scandales pouvaient ne pas rejaillir au jour décisif du vote, mais d'autres soucis étaient mieux ancrés dans le peuple : « Est-ce qu'ils savent, au Château, le traumatisme que génère la fermeture d'une école de village ? » demandait un élu impérial à son voisin qui lui répondait : « Ce n'est pas une visite d'une heure qui permet au Prince de comprendre les problèmes. » Le raisonnement ne s'arrêtait point là. Les impériaux se disloquaient. Un représentant risquait à mi-voix devant ses pairs avachis sur les gradins de l'Assemblée, comme sonnés par tant de cuisantes nouvelles : « On peut se demander si un autre candidat au Trône ne serait pas plus légitime que Nicolas Ier... » Notre Déclinante Majesté ne figurait déjà plus en évidence ; d'autres noms revenaient au refrain pour la remplacer, le duc de Bordeaux dont on connaissait la probité, celui de Meaux qui se poussait du col ou celui de Sablé, mais aucun d'eux n'osait trop s'afficher tant que le Prince taisait sa décision ; ils ne se présenteraient jamais contre lui. Les sondeurs de l'opinion accréditaient même la duchesse de Solférino, porte-drapeau du Parti social, ou encore M. de la Corrèze à la popularité croissante, d'être plus compétents que le Décevant Monarque pour affronter la crise économique où nous étions englués. Le Prince prit fort mal cette affirmation et préféra rire de ses adversaires : « Les Français, y z'aiment pas qu'on s'comporte comme si on avait déjà gagné », mais cinq millions de citoyens avaient vu sur leurs fenestrons le grand débat des six candidats sociaux qui s'affrontaient pour la Primaire. Pfft ! Notre Désabusé Potentat se moquait de cet exercice :

— J'ai pas l'temps d'regarder ça, moi, j'suis pas là pour lire les gazettes du lendemain, j'm'occupe de l'avenir.

— C'est vrai, Sire, vous aviez réuni un million de personnes de plus, il y a cinq ans.

— Y'a pas d'désir de gauche.

— Certainement pas, Sire !

— Z'allez voir, M. de la Corrèze va s'essouffler.

Le Souverain avait eu une fière assurance pour fustiger M. de Washington qui, après la confession de ses fautes sur les fenestrons, osa donner son avis sur la finance mondiale : « Y s'permet de donner des cours d'économie aux chefs d'Etat ? Dans sa situation ? Un peu d'humilité ! » Chacun savait que Sa Majesté était humble, mais quoi qu'elle dît, les Français s'engouaient pour la politique à cause de la Primaire, car ils espéraient contrebattre ainsi ces maîtres de l'argent qui les dévalisaient ; ils ne voulaient plus de ces manipulations boursières qui les avaient conduits au désastre et au mépris. Cela n'empêchait pas Notre Acéré Leader de déverser le mal qu'il pensait sur cette brochette de rivaux, dont aucun n'avait son imparable expérience, sa science, sa volonté, son savoir, sa célérité. M. Valls, duc d'Evry, il lui avait proposé de rentrer dans son gouvernement, au joli temps qu'il appelait *l'ouverture*, mais il avait refusé, se disait social alors que, aux yeux du Prince, il avait des qualités en mesures policières que bien des impériaux n'avaient point. M. de la Corrèze ? Même son ancienne compagne, l'archiduchesse des Charentes, disait de lui que son point faible c'était l'inaction. Elle ajoutait : « Qu'est-ce qu'il a fait en trente ans de vie politique ? Dites-moi une seule chose. » M. de la Corrèze avait répondu en montrant quatre doigts de sa main ouverte : « Quatre enfants, sans compter les travaux préparatoires. » Le Prince ne saisissait que l'humour méchant et non point les traits d'esprit ; voyez comment il tira le portrait de M. de la Corrèze : « Prenez un sucre, mettez-le dans un verre d'eau... » Pour lui, cet opposant devait fondre à l'épreuve du futur combat et n'était guère dangereux. L'archiduchesse des Charentes ? Il l'avait largement battue autrefois et imaginait mal redoubler un vieux débat dont il était sorti vainqueur. Elle n'aurait sans doute pas sa revanche mais elle voulait qu'on parlât d'elle, s'assit au premier rang de la réunion que le Prince donna en Charentes et où elle n'était pas conviée. Elle y parla des paysans et de la sécheresse, mais Notre Malicieuse Majesté la laissa dire pour la moucher à la fin : « La sécheresse n'est pas au Parti social ni au Parti impérial, elle est pour ceux qui en souffrent. »

Les autres candidats, le Prince ne s'en souciait pas davantage. Le baron Baylet ? C'était un notable radical qui entretenait les traditions de son petit groupe, banquets et vie au soleil toulousain ; il n'était présent que pour la figuration. Le chevalier de Montebourg, un baron de Saône-et-Loire costumé pour la relève, piaffant devant un pouvoir à confisquer aux plus âgés de sa formation, qu'il espérait chasser lorsqu'ils atteindraient soixante-sept ans, l'âge auquel Charles Ier de Gaulle fonda la Ve dynastie. De lui, Notre Bouillant Leader disait : « Connais pas. » Il ne se fiait pas à sa mine de bateleur doué, joli comme une gravure et grande gueule, trublion pour se distinguer avec des formules et des trouvailles comme sa *démondialisation* à définition complexe et propre aux contresens, mais cela consistait juste à se protéger derrière des douaniers contre les pays aux règles de travail floues, lesquels, avec leurs bas prix, nuisaient à nos produits maison. Le chevalier prêchait sa bonne parole depuis sept mois, courant les villages en camion et posait sur les places son tréteau portatif. « Quand je vois trois personnes, disait-il, je m'arrête ! » Son enthousiasme semblait se communiquer à ses auditoires lorsqu'il répétait : « Je préfère que ce soit nous qui mettions les banques sous tutelle plutôt que ce soit les banques qui nous mettent sous tutelle. » L'effet était assuré. Le chevalier fut celui qui imposa aux siens cette notion de Primaire ouverte qui ne les enchantait point mais leur permettait aujourd'hui d'aspirer l'attention au détriment du Parti impérial. N'importe qui pouvait voter en signant une charte symbolique pour adhérer aux projets du Parti social. Il suffisait de trouver le bureau de vote.

Le premier débat entre les compétiteurs eut lieu sur le fenestron le plus connu du service public. Il y avait de la curiosité à voir comment ceux-là allaient se comporter, se contredire sans se chamailler et maintenir une contenance tout en avançant des convictions légèrement différentes ou divergentes pour certains. Sous le chronomètre géant qui mesurait leurs temps de parole, les candidats étaient tous vêtus de gris. Au début ils s'embrassèrent. Ils parlèrent à leur tour dans l'ordre d'un tirage au sort. D'abord la duchesse de Solférino, sérieuse, nous gratifia d'une ribambelle de chiffres et de techniques pour mieux gouverner ; ensuite le baron Baylet, avec son accent du Tarn-et-Garonne, proposa de légaliser le cannabis sous le regard sévère des autres ; M. de la Corrèze fut compassé, combatif, adroit et déjà majestueux, au-dessus de ce jeu sans jamais s'y mouiller vraiment ; vint après le chevalier de Montebourg, qui mit en musique ses thèmes ordinaires mais en les modérant pour le public nombreux ; l'archiduchesse des Charentes, tendue, brouillonne, resservit ses recettes qui dataient de cinq ans mais étaient entrées dans les mœurs ; le duc d'Evry, M. Valls, énergique quoique dépourvu d'agressivité, parla de sécurité et de rigueur avec réalisme. Tout se passait au mieux dans le meilleur des mondes possible, et cela était infiniment sage, presque sans passion. Nulle invective, ou bien rentrée, afin de ne pas décevoir. Chaque spectateur trouva d'ailleurs que son champion avait été parfait selon son cœur. Il y eut deux autres débats fluides et souples, dans la même veine, dont on discuta beaucoup dans les bureaux et les bistros. Les candidats devinrent des vedettes familières ; on loua l'échevelé du chevalier de Montebourg, la frange en bagarre du duc d'Evry, la placidité de M. de la Corrèze... Cela obscurcit les faits et gestes du Parti impérial, condamné à rester en retrait et au silence, avant que M. d'Hortefouille, chargé par Sa Majesté de lancer une riposte, déclarât : « Il ne faut pas laisser s'installer l'idée que ces Primaires sont une réussite. » Il rectifia dans les vingt-quatre heures : « Pour la Dispute du Trône, en 2017, Sa Majesté ne pouvant se représenter après deux glorieux mandats, la Primaire sera sans doute une solution. »

La semaine précédant le vote du premier tour, qui devait conserver les deux meilleurs candidats, le Parti social en entier vécut dans les angoisses. L'audience des fenestrons qui retransmirent leurs débats était encourageante, mais combien de gens seraient-ils à se déplacer ? On espérait un million, voire deux pour les plus optimistes, et ce serait un succès, mais s'il y en avait moins ? Il fallait qu'à la fin le vainqueur fût porté par un élan, aussi les six candidats se dépensaient-ils en parlotes et voyages afin de mobiliser sur leur nom et de plaider pour une victoire large. M. de la Corrèze se rendit à Lille et la duchesse de Solférino à Strasbourg ; l'archiduchesse des Charentes, qu'on surnommait également la Madone du Poitou, glanait dans ces banlieues qui lui furent ferventes. Tous voulaient rassembler mais point se ressembler, et aucun d'eux ne livrait ses idées précises sur la conduite du pays, rien que des pistes plutôt vagues pour que Notre Fourbe Leader ne les chipât point au dernier instant. « Nicolas Ier n'a aucune chance de gagner, disait le baron Sapin en expert, mais le Parti social peut perdre. » Le baron redoutait les déchirures et les coups de griffes. Il y en eut. Plus on approchait du scrutin et plus le ton se durcissait ; chacun plantait des banderilles dans le dos des autres. La duchesse de Solférino évoquait la gauche molle en regardant de biais M. de la Corrèze, lequel répliquait : « Elle m'a juré qu'il ne s'agissait pas de moi. » Et il affichait partout son calme et sa hauteur déjà impériale. L'archiduchesse des Charentes, de son côté, soulignait l'inexpérience électorale de Mme de Solférino : « Qui d'autre que moi parle aux classes populaires et moyennes effarées par leur avenir ? »

Le dimanche fatal et pluvieux arriva enfin. Chaque protagoniste vota dans sa région et pour lui-même. A Lille, dont elle restait la bourgmestre, la duchesse de Solférino se rendit en cortège au marché et y acheta une laitue et des framboises pour compléter le turbot aux morilles, cuisiné pour des amis dans sa maison de la rue Sainte-Catherine aux volets gris souris. M. de la Corrèze vota dans son duché de Tulle avant de parcourir le département jusqu'à Brive et de rentrer à Paris dans sa Renault Scénic. L'archiduchesse des Charentes, en veste rouge, arriva dans la capitale par le train de Poitiers et le chevalier de Montebourg par celui du Creusot. Le verdict tomba. On sut d'abord la participation, de belle ampleur puisque deux millions et demi de citoyens avaient choisi leur bulletin ; ils donnaient une avance de huit points à M. de la Corrèze sur sa principale adversaire, Mme de Solférino. Ceux-là allaient donc se confronter en duel, mais la surprise vint du chevalier de Saône-et-Loire : avec ses dix-sept pour cent d'électeurs il pouvait faire pencher le résultat final pour l'un ou pour l'autre, ce qui le réjouit, et il fêta sa troisième place en riant aux éclats devant une bière, à *la Bellevilloise*. L'archiduchesse des Charentes fut très dépitée par son petit score, elle en eut des larmes et la gorge nouée et cela se vit. M. Valls, duc d'Evry, lequel n'attendait point un résultat mirobolant, proposa aussitôt ses services au mieux placé pour le second tour, et dès lors, dans les deux nouveaux camps qui se formaient, on chercha des alliés. « Il est temps qu'une femme accède au Château ! » dit la duchesse de Solférino.

La bataille se joua sur les personnalités des deux concurrents, par leur formation pourtant si proches. « Le moins qu'on puisse dire, lança Mme de Solférino, c'est que M. de la Corrèze a des positions peu tranchées. Je sais, j'ai mauvais caractère, mais pour dompter les banquiers et contrer leurs intérêts, il va en falloir ! » M. de la Corrèze refusait d'entrer dans le pugilat et laissa répliquer l'un de ses fidèles : « Lui, il écoute les idées et les avis, ce que n'arrive pas à comprendre la duchesse. Il considère qu'il n'a pas la vérité à lui seul, contrairement à certains, *ou à certaines*, qui se montrent très péremptoires. » Vlan ! Ce fut ainsi, ménageant les sensibilités qui couraient du centre à la gauche en furie, que M. de la Corrèze acquit une assise et remonta dans ses filets sans trop de tractations les autres candidats à la Primaire, lesquels faisaient allégeance et se rangeaient sous son oriflamme pour écraser Nicolas Ier. Même l'archiduchesse des Charentes, même le pétillant chevalier de Montebourg in extremis mirent genou en terre devant lui.

Au Château, Notre Glorieux Despote se frottait les mains. Il croyait que le Parti social se délitait et, avec l'une ou l'autre en vainqueur, dérivait vers la gauche dure et revendicative. Le Prince pensait que cela lui faciliterait la tâche lorsqu'il lancerait l'assaut pour le Trône au printemps prochain. Si M. de la Corrèze se laissait gauchir, les modérés ne lui feraient plus confiance et retourneraient vers Nicolas Ier. Il y eut aussi une gaffe fort réjouissante. Sur les fenestrons électroniques on vit un appel des jeunes en faveur de M. de la Corrèze. La photographie qui illustrait cette proclamation représentait une foule dynamique de filles et de garçons qui regardaient vers l'avenir. A étudier ce cliché, on apprit qu'il sortait de la campagne victorieuse du Parti impérial, cinq ans plus tôt, où ces jeunes acclamaient Notre Prince. Les impériaux persiflèrent.

Le dimanche 16 octobre, M. de la Corrèze gagna la Primaire des citoyens avec plus de 56 % des suffrages. Il n'y eut pas d'effusion coûteuse en boissons à bulles et canapés au jambon, mais une joie, des acclamations et des embrassades. A son retour de Berlin où il se colletait à la crise financière, le

Prince rentra chez lui, c'est-à-dire chez Madame dont il partageait la maison d'Auteuil. S'il savait désormais le nom de son futur adversaire, il feignit de se désintéresser du résultat, même si, au fond de lui, il rageait. Il fit déclarer à l'un de ses conseillers : « Nous, on s'occupe des problèmes des Français. » Le Parti impérial devait toutefois réagir, et le duc de Meaux avait convoqué au siège de la rue de La Boétie quelques-uns des dirigeants susceptibles de livrer leur avis aux gazettes. Ils décidèrent d'exploiter à chaud l'idée d'une gauche à la fois molle et sectaire. « La Primaire a été une surenchère de fausses promesses », certifia une ministre en dodelinant sa blondeur permanentée. « M. de la Corrèze, ça a été Monsieur Je-Ratisse-Tout, je ramasse tout mais je ne me positionne sur rien », trouva le chef des impériaux à la Chambre avec l'air finaud de qui a inventé la poudre. « Il n'a pas de carrure », lâcha le cardinal de Guéant qui en savait long sur les carrures. L'offensive n'était pas encore bien rodée lorsque, la même semaine, M. de la Corrèze fut investi par l'ensemble réconcilié du Parti social qui se montra en famille à la halle Freyssinet.

M. de la Corrèze avait un esprit vif, vaste, juste, appliqué, pénétrant, laborieux, naturellement porté aux équilibres difficiles qu'il transformait en synthèses, curieux de tout rechercher et plein de ferveur dans ses recherches, mais un feu discret qu'on ne voyait point au-dehors, ainsi était fait ce prétendant dont nous fîmes ultérieurement un crayon. C'était un homme fort noblement aminci à force d'une volonté qui écarta de lui les confiseries et fritures qu'il croquait à l'excès, mais désireux de montrer cette ascèse à laquelle il se vouait dorénavant pour briguer le rôle suprême. Il avait un visage plus serein que placide, poli, obligeant, avec tous les repères qui servent à la fortune pour quoi il avait sacrifié ses rondeurs et ses lunettes à montures inélégantes. Il y a dans les cours des personnages singuliers qui, sans naissance distinguée et sans services, s'épanouissent dans la familiarité de ce qui est le plus brillant, et font enfin, on ne sait pourquoi, compter le monde avec eux ; dans l'ombre du prince de Ré, M. de Jospin dit le Frisé, par son dévouement et sa fidélité il monta par degrés.

Ses ancêtres parpaillots s'étaient échappés des Pays-Bas au XVIe siècle ; gueux de Guillaume le Taciturne, ils avaient fui les massacres des Espagnols en Belgique ou en France. Pour ne pas oublier leurs origines beaucoup prirent le nom du pays qu'ils avaient laissé et s'appelèrent simplement Hollande. Idem, pour ne pas oublier ses origines, M. de la Corrèze se présentait comme un ouvrier qui, ayant un ouvrage de main à exécuter, s'était fait lui-même les outils et tous les instruments dont il pouvait avoir besoin pour accomplir son ouvrage. Son temps n'était partagé qu'en deux sortes d'occupations conformes à son goût de l'étude politique, l'une qui le fermait dans la solitude de son cabinet, l'autre qui le poussait à rencontrer le plus de gens et différents de lui qui le ramenaient à ses méditations. Constatant son improbable ascension, un académicien en renom écrivit de lui : « D'où vient qu'il a réussi comme un saumon à remonter le courant qui lui semblait contraire ? » C'était ignorer que M. de la Corrèze aspirait au Trône dès le couffin, et trépignait le Jour des Rois s'il n'avait point la fève de la galette, tant il désirait se coiffer de la couronne de papier doré. Voici M. de la Corrèze à mi-chemin du vrai Trône si longuement lorgné. Désormais l'attention malfaisante des impériaux se porta contre lui.

Ayant observé que les insultes les plus colorées à son égard provenaient du Parti social, ou de ses alliés, la cellule riposte de M. d'Hortefouille se mit à les collectionner. Ainsi utilisèrent-ils sans retenue la sortie piquante du baron de La Méluche, un tribun fort prisé et tout à gauche, lequel s'exclama : « Pourquoi choisir, pour entrer dans la zone des tempêtes, un capitaine de pédalo comme M. de la Corrèze ? » A ce capitaine de pédalo si bien croqué s'enquillèrent sobriquets et critiques des anciens rivaux du candidat, qu'on surnommait Guimauve le Conquérant, Flanby pour évoquer le mou de ce dessert gélatineux, le Culbuto, Fraise des bois, le Grand Méchant Mou et, dans la foulée, on se moqua de son scooter Piaggio à trois roues qui l'apparentait à un livreur de pizza plus qu'à un souverain. Au Parti impérial, voulant prolonger cet humour, le comte Chatel traita le candidat de Babar, omettant de signaler que ce roi éléphant régnait admirablement sur Célesteville.

Même lorsqu'il proférait une inavouable certitude, le cardinal de Guéant restait onctueux. C'était sa marque de fabrique. A un duo de gazetiers qui le questionnaient, entre autres choses, sur la délinquance en progression galopante, il répondait que non, pas du tout, avec l'assurance de qui fait des ronds dans l'eau, s'amusant de l'évolution régulière des ondes, et que rien ne pouvait entamer. On aborda les aventures galantes de M. de Washington. Des enquêteurs pensaient qu'il avait été piégé, puis brisé, dans l'histoire du Sofitel de New York. Son Eminence entra dans une colère sourde qui ne lui ressemblait plus, parla de rumeurs et de sottises. L'un des gazetiers détourna ce sujet peu fiable du complot et passa à un autre :

— Votre Eminence, M. de Washington a été interpellé en décembre 2006 au bois de Boulogne. L'avez-vous su ?

— J'ai entendu parler de ça.

— Parce que, Noble Prélat, votre directeur de cabinet affirmait avant l'été qu'aucun compte-rendu n'existait là-dessus.

— Contrôle de routine, hasard. M. de Washington n'était pas suivi, voilà ce que je sais ! Il n'est tombé dans aucun guet-apens de la police ! Ce n'est pas la faute de la police s'il se trouvait là-bas ce soir-là !

L'article qui fut alors écrit mentionnait bien une note administrative. Un sergent avait témoigné : « M. de Washington a été surpris en fâcheuse posture dans une automobile, à l'ouest de Paris, dans un haut lieu de rencontres tarifées. » Le rapport fut passé à la broyeuse, ce qui n'empêcha point son contenu de circuler chez les amateurs d'indiscrétions. Le même article précisait que le Château était informé par la police de la vie intime des personnalités, dont M. de Washington que l'on supposait à l'époque le plus capable de barrer la route du Trône à Notre Pétulante Majesté. Sa réputation souffrait de mille bruits colportés. Des diplomates vous juraient qu'ils l'avaient vu dans un quartier chaud de Bangkok ou de Shangaï, des inspecteurs livraient le nom des clubs échangistes qu'il fréquentait, et même ses penchants. Il y avait aussi cette très sale affaire de call-girls que la police avait mise au jour en février, et qui attendait pour être révélée le moment opportun. M. de Washington y était mêlé, aussi ne devait-elle exploser qu'au lendemain de sa supposée victoire à la Primaire des sociaux, pour l'abattre en vol. Un impérial influent avait prévenu : « C'était le moment du grand déballage. » Hélas, ce maudit Sofitel de New York avait pris les impériaux de court, et l'opération avait dû être retardée : M. de Washington avait explosé tout seul. On pouvait néanmoins en remettre une louche, cela affaiblirait cette volonté moraliste du Parti social en accablant l'un des siens, qui fut parmi les premiers. Les historiens appelèrent cet événement *l'affaire du Carlton de Lille*.

Quelques mois plus tôt, donc, la police judiciaire de Lille reçut un appel anonyme. Les policiers apprenaient qu'une prostituée pratiquait son talent dans des hôtels différents, où elle devait avoir des complicités. Elle allait au Carlton ? Le chargé des relations publiques de l'établissement, René Kojfer, fut mis sur écoute. Il était connu. Trop connu. Il menait une double vie, père de famille et roi de la nuit. Si modeste d'apparence, il venait de se faire construire une maison, dans le village de Baisieux au nom prédestiné, mais avec quel argent soudain ? Kojfer était un vendeur de linge à crédit devenu un serviable entremetteur. De son poste au Carlton, il bichonnait ses clients. Une entreprise voulait fêter un contrat en Belgique ? Pas de problème ; vous avez l'argent, disait-il, j'ai les filles. Notables et notaires du Nord, industriels, hommes d'affaires, grands avocats, dentistes ou assureurs, il leur fournissait de quoi animer leurs soirées. Il s'était acoquiné avec Dodo la Saumure, un souteneur qui tenait une quinzaine de bars montants et des salons de massage de l'autre côté de la frontière, où Kojfer se servait pour ses clients du Carlton, du Comfort Hôtel et de l'hôtel des Tours qui appartenait autrefois à la mutuelle du ministère de l'Intérieur. Nous avions là un début de réseau, puisque notre homme recrutait aussi pour Dodo des jeunettes fatiguées par l'Espagne et qui préféraient les tarifs du Nord, deux cents euros l'heure ou huit cents la nuit dont la moitié pour Dodo.

Joufflu, rond de crâne et de menton jusqu'au ventre, l'œil plissé, Dodo avait ouvert le *Smoke Havana*, club privé où l'on fumait en face de la caserne des pompiers, ou un bordel, le *Low Cost*, en face du commissariat de Tournai. Dans le téléphone portable de Kojfer, les enquêteurs découvrirent des hauts gradés de la police, mais il avait géré la résidence Politel où étaient logés les policiers en mission ; il gérait aussi des appartement de standing dans des hôtels particuliers lillois. Certains officiers des mœurs accompagnaient en voiture les filles à leurs rendez-vous. Lorsque éclata l'intrigue du Sofitel, Kojfer flaira un bon moyen de gagner des dollars. Il téléphona aux avocats américains et leur apprit que M. de Washington fricotait avec les protégées de Dodo la Saumure, au sous-sol de *L'Aventure* près de l'Arc-de-Triomphe, ou au très sélect *Murano* dans le Marais, et même aux Etats-Unis où ce genre de gâterie récompensait souvent les commerciaux fatigués, quand ils avaient bien travaillé. La filière se précisait mais ne ressemblait pas exactement à ce qu'on avait d'abord cru. Il y avait un groupe de Nordistes fascinés depuis des années par M. de Washington ; ils voulaient le connaître, devenir ses proches, lui faire plaisir. Ils étaient sûrs qu'il allait devenir le prochain souverain et se bousculaient autour de lui en cherchant à le satisfaire ; les retombées de cette proximité, ils en bénéficieraient après le sacre. Un militant de cette cause, que nul ne connaissait à Paris, cherchait chez Dodo des filles qui pouvaient passer pour des secrétaires ou des assistantes, un autre se décarcassait pour organiser des parties fines, un entrepreneur du bâtiment réglait voyages et jambes en l'air sur ses notes de frais, un grand policier rêvait de s'occuper de la sécurité de leur héros. Ces Pieds-Nickelés furent identifiés. Il y eut des gardes à vue, des incarcérations, des révélations, car le grand déballage voulu par les impériaux arriva. De salaces messages électroniques envoyés par M. de Washington furent publiés, tel celui-ci, de mai 2009 : « J'emmène une petite faire les boîtes de Vienne jeudi. Ça te dit de venir avec une demoiselle ? » Ce jour-là, M. de Washington était en effet à Vienne pour une conférence à la Banque centrale où il avait déclaré : « Il n'y aura pas de reprise tant que les banques n'auront pas remis de l'ordre dans leurs affaires. » L'ordre, ce n'était pas ce qui frappait dans les affaires de M. de Washington. Tout ce qu'il touchait devenait confus. A Pékin, il participa à un forum économique en tête d'affiche et cravate rose ; dans son discours il fustigea les dirigeants de la zone euro qui préféraient le bavardage aux actes, mais lui, il avait désormais une considérable batterie de casseroles pendue à ses basques, quoi qu'il fît ou ne fît pas. Les gazettes reparlaient du Sofitel sous la forme du complot ou du coup fourré. On visionna un petit film de treize secondes où deux responsables de la sécurité du groupe Accor, dans un hangar à bagages, riaient de grand cœur et se frappaient dans les mains en dansant la gigue comme s'ils avaient réussi un mauvais coup ; la direction expliqua qu'ils devaient fêter le résultat d'un match, mais à treize heures trente il n'y avait aucun match. On disait aussi que des fonctionnaires français avaient téléphoné au procureur américain le jour de l'arrestation de M. de Washington et l'avaient prévenu de la filière du Carlton de Lille, dont seuls des juges connaissaient l'existence. Les nuages noirs grossissaient au-dessus de M. de Washington. On apprenait que son successeur à la mairie de Sarcelles était compromis avec le banditisme corse, au cercle de jeu Wagram. Tout s'amalgamait. Tout cela nuisait au Parti social et à son candidat déclaré, M. de la Corrèze. Pour désamorcer d'autres entourloupes, le chevalier de Montebourg prit les devant et dénonça lui-même des malversations de son parti dans le Pas-de-Calais.

L'hystérie s'emparait de la politique et de la campagne à venir, qui s'annonçait rude et basse. Les fauves acéraient leurs crocs. Cela promettait un navrant spectacle, mais le spectacle du monde montrait partout un affreux visage. De New York à Madrid ou Tel-Aviv, les peuples s'indignaient. En Chine, dans le Gouangdong, des milliers d'ouvriers se mettaient en grève contre la baisse de leurs salaires ; nous découvrions qu'Apple, la verte entreprise du vertueux Steve Jobs, fabriquait son électronique dans des usines chinoises qui rejetaient des vapeurs toxiques et où les ouvriers étaient kidnappés dans leurs dortoirs pour travailler à la chaîne.

Chez nous, le Parti impérial entendait séduire le populaire qui lui manquait tant ; parce que Mlle de Montretout, née Le Pen, galvanisait en attaquant l'immigration et en chantant les frontières, il fallait lui dérober sans attendre des thèmes qui semblaient avoir un écho. Il fallait aussi adoucir l'image du Prince. Quand elle était encore très enceinte, Madame se prêta au jeu. Sur un fenestron national, dans une émission intitulée « Nicolas Ier peut-il encore gagner ? », elle répondit doucettement au gazetier dans la salle des fêtes du Château :

— Notre Excellent Leader va-t-il briguer une seconde fois le Trône ?

— Je le souhaite sans doute pour la France, répondit-elle. Je m'exprime en tant que citoyenne.

— Vous en parlez entre vous ?

— Nous en parlons quelquefois ensemble, mais la décision lui appartient.

Chapitre IV

UN DISCOURS À TOULON. – RAVISSEMENT DES IMPÉRIAUX. – FEU SUR M. DE LA CORRÈZE. – LE CAVE SE REBIFFE. – ADIEU AU TRIPLE A. – SALE MEC ! – LA BARONNE MORANO. – SES MŒURS DE POISSARDE. – NICOLAS Ier ENVISAGE SA DÉFAITE. – L'AIR DE LA CAMPAGNE SOUFFLE SUR LE BOURGET. – PORTRAIT DU DUC D'EVRY EN TRÉPIDANT ORGANISATEUR.

À Toulon, Notre Indéboulonnable Monarque nous dit un discours écrit en français par le chevalier de Guaino ; bourrées d'effets, sans souffle, les phrases ronflaient mais ne supportaient rien de concret. Le Souverain, bien évidemment, attaqua son principal adversaire, M. de la Corrèze, coupable de proposer un chaos à notre mirifique pays, puis il chargea au sabre les trente-cinq heures de travail par semaine naguère élaborées par M. de Washington et portées par la duchesse de Solférino, mais cela datait ; pourquoi Sa Majesté ne les avait-elle pas démantelées puisqu'elle tenait tous les pouvoirs entre ses mains depuis dix ans ? Et ses périodes s'élancèrent vers l'Europe en crise dans laquelle il fallait rendre à la France la maîtrise de son destin. Il ne disait point comment cela pouvait se faire, mais les cinq mille partisans tassés dans la salle du Zénith l'applaudissaient à s'en brûler les paumes. C'étaient les invités de la préfecture du Var, des artisans, des commerçants, des entrepreneurs et le flot ordinaire des militants impériaux à cheveux blancs qui étaient venus de tout le département dans des cars de ramassage. Le Prince continua longuement sur cette Europe qu'il voulait replâtrer mais ne proposa rien ; il calquait la discipline et le désendettement prônés par la Reichsführer Merkel avec qui il s'était rabiboché, et qu'il suivait désormais en faisant semblant de la précéder.

Ces mots creux suffirent cependant à ravir les impériaux qui tressaient des rameaux de laurier pour en coiffer leur Prince Pompeux. Comme il y avait eu un frémissement de la cote du Souverain, malgré l'avance de M. de la Corrèze au premier tour, et surtout au second où il était donné vainqueur avec dix-huit points de plus, le brave M. d'Hortefouille, fidèle comme un cocker aux oreilles tombantes, joua la confiance en espérant qu'elle fût communicative : « Oui, la remontée de Sa Majesté n'est pas encore spectaculaire, mais elle remonte, et cela rassure les plus faibles d'entre nous. » Le ministre des Transports mérita enfin son titre, parce qu'il semblait réellement transporté : « Nos militants ont retrouvé la confiance, ils pensent qu'on peut gagner la Dispute du Trône. Ils se disent : Nicolas Ier tient la barre et les autres sont mauvais. » Le même insistait : « Depuis un an, Sa Majesté a fait un sans-faute total. Tout est parfaitement maîtrisé, y compris la naissance de sa fille qui s'est déroulée dans la plus grande discrétion. » A partir de ces louanges qui massaient comme avec un baume les cœurs meurtris des impériaux, ceux-ci n'en finissaient plus d'enfoncer M. de la Corrèze selon un principe édicté par Monseigneur Copé, duc de Meaux : « Il y a une exigence, que demandent chaque jour les Français, c'est de dire la vérité. La vérité sur les faits, les chiffres et les enjeux. » Les troupes défendirent alors Leur Maître en enfilant des mensonges gros comme des perles fausses. Ils inventèrent à M. de la Corrèze un programme qui n'était point le sien, et se mirent à le bombarder.

Refusant la caricature, selon les instructions du duc de Meaux, les impériaux ouvrirent le feu. Un premier voulut nous convaincre que « grâce à la légalisation des stupéfiants, les dealers allaient devenir d'aimables commerçants auxquels les policiers rendraient des visites de courtoisie », quand M. de la Corrèze avait répété qu'il fallait maintenir l'interdit. Un partisan nordiste du Prince expliqua avec véhémence que le Parti social entendait diminuer les places de prison, ce qui ne figurait point dans son projet ; un autre droitiste nous assura qu'on risquait une régularisation massive des sans-papiers purement imaginaire, et Mme de Prosciutto-Morizet, fort en verve, entonna un chant guerrier contre une fermeture des frontières dont il n'avait jamais été question. A ces grossières accusations qui visaient à côté de leur cible, une foultitude de menteries vint appuyer l'action bienfaisante du Souverain, et cela dans la plus parfaite des approximations, comme cet endettement public qu'il aurait réduit quand, à l'inverse et en trois ans de règne, il l'avait passé de 64,2 % à 82,3 % de notre produit intérieur.

Tandis qu'il laissait à ses roquets le soin des basses œuvres, Notre Survolant Leader s'absorba dans plus nobles tâches, et il reprit sa bougeotte si particulière. Voyez-le sauter de son aéronef pour se rendre au chevet d'un policier blessé à l'arme de guerre dans les quartiers de Marseille, puis à l'hôtel de police pour munir ce personnel de fusils à pompe, puis au club de football, puis à un congrès européen du Centre, où, dans les pas de la Reichsführer Merkel, il donna un discours. Le soir on le vit à Bruxelles. Peu après, afin de paraître compatissant, Notre Fin Leader explora un centre des Restos du cœur où il n'avait jamais mis les pieds de son règne, et il contempla les files de femmes et d'enfants qui faisaient la queue pour qu'on leur offrît un colis de denrées. Le soir, pour arracher l'étiquette de *Monarque des riches* qui collait à son front, il reçut à dîner au Château une dizaine de jeunes prêtres catholiques. Nicolas Ier devenait saint Martin ; même les miséreux avaient le droit de vote, et il fallait accumuler les voix une à une. Lorsqu'il sut qu'on dénombrait dans le pays quatre cent cinquante mille citoyens d'origine arménienne, dont le général-baron de Vedjian et M. Aznavour, le Prince exigea un texte pour commémorer le génocide ordonné au début de l'autre siècle par les Turcs. On allait se fâcher avec les Turcs, si chatouilleux là-dessus, mais tant pis, ils étaient moins nombreux en France. M. Fillon, le Premier des ministres, parla d'une connerie. Le duc de Bordeaux tordit le nez à l'idée de déplaire à un allié puissant dans un Moyen-Orient fatigant et bousculé.

Pour le Parti social, les multiples déplacements du Prince n'étaient point innocents : il menait sa campagne aux frais des contribuables. « En campagne, moi ? disait l'accusé. Non, j'me contente d'occuper l'terrain », et il raillait M. de la Corrèze qui semblait se démener : « Comme les autres, il va voir c'que c'est que d'passer dans la lessiveuse ! » A quoi M. de la Corrèze répliqua : « Moi je suis comme lui dans la lessiveuse. Ce qui compte, c'est d'en sortir plus blanc, non ? » Surpris par un fenestron dans une boutique où il défendait le livre, menacé d'une plus lourde taxe au risque de casser la librairie indépendante, il répondit bonhommement au gazetier sur le mode persifleur, choisit un livre dans les piles qui s'offraient à sa curiosité, le montra à l'écran ; c'était une *Histoire de la virilité* avec, sur la jaquette, M. Clint Eastwood qui dégainait son smith and wesson : « Vous voulez envoyer un ouvrage à Notre Cultivé Souverain ? Voici son programme. » La remarque était justifiée. Lorsque, peu avant Noël, une grève éclata dans nos aéroports, le Prince se comporta comme l'inspecteur Harry ; il expédia ses policiers et des gendarmes pour remplacer les agents de sécurité défaillants.

« Tout se passe comme je l'avais prévu », disait le Prince à ceux qui venaient s'agenouiller dans son boudoir du Château, mais, à l'unisson de ses troupes chapitrées, Notre Monarque Fétide enchaînait les bobards. Une année auparavant il avait présenté ses vœux pour expliquer que la croissance revenait, que ses grandes réformes portaient leurs fruits et que l'Europe nous protégeait. Ce fut une autre chanson qu'il nous fut donné d'écouter. La croissance décroissait furieusement, ses réformes capotaient ou s'enlisaient, et l'Europe appauvrissait les peuples. Sa Majesté s'était contentée de faire la politique de ceux qui l'avaient soutenue, et si elle avait supprimé l'injuste bouclier fiscal, elle allégea en échange l'impôt sur la fortune. Le billettiste d'une fameuse gazette vespérale plaisanta sur cette vision manquée du Prince : « Quand un monarque si perspicace prévoit la suite des événements, il arrive qu'il se passe exactement le contraire. »

Que nous promettait-il pour 2012, afin qu'en l'étudiant nous puissions prendre le contre-pied de ses propos ? Pâlichon et costumé de noir comme un maître d'hôtel, lui qui avait tant divisé se présenta en rassembleur. Il faisait mine d'oublier le candidat. Ce soir il parlait aux familles. Voyez comme il se voulait subitement lucide, courageux, ne proférant que des vérités crues et indiquant le chemin vers l'abondance retrouvée. Où serions-nous sans lui ? Comment pouvait-on se passer de ses bontés ? L'emploi se dégradait ? On allait y remédier, et d'abord *obliger* les chômeurs à se former, moraliser la finance, prélever une taxe infime mais qui rapporterait gros sur les transactions financières, ce que les Grands-Bretons de la City refusaient catégoriquement, et d'autres, eh bien tant pis, nous nous arrangerions avec la Reichsführer Merkel, ou nous la ferions seuls au besoin. Il s'agissait bien de vœux. Lorsqu'il annonça qu'il irait s'incliner dans la maison de Jeanne-d'Arc pour ses six siècles d'âge, on comprenait qu'il allait nous resservir ses vieilles lubies sur l'identité de la Nation. A cent treize jours de la Dispute du Trône, toujours donné battu par

M. de la Corrèze, Sa Majesté voyait se multiplier dans son camp des petites candidatures qui lui grappillaient des pourcentages. Quant au baron de La Méluche, tout à fait à sa gauche, s'il faisait de l'ombre au Parti social, avec ses diatribes, il gâchait le paysage. Quant au Béarnais Bayrou, dit François-sans-Terre depuis la perte de Pau, il grimpait, comme grimpait Mlle de Montretout, tout à fait à sa droite, à tel point que des spécialistes évoquaient la possibilité d'un duel final entre ces deux derniers, une fois le Prince balayé.

L'année 2012 commença le 1er janvier par un scandale international dont le coupable, M. Mas, était né à Tarbes. Son pays l'accusait de duperie, mais aussi l'Italie, la Grande-Bretagne ou le Venezuela, à cause des prothèses mammaires défectueuses qu'il fournissait à des chirurgiens peu regardants ou trop confiants. Des centaines de milliers de patientes rêvaient aux seins démesurés de Pamela Anderson. Il y avait un marché, sur lequel notre prédateur avait fondu griffes dehors. M. Jean-Claude Mas était un fils d'épiciers en gros ; le bac maths élem était son unique diplôme mais il dansait le rock comme un dieu sur les rythmes de Bill Haley. Il vendit du vin, du cognac et du saucisson puis finit par s'aboucher avec le docteur Anrion qu'on disait à Toulouse l'inventeur des faux seins. Ils créèrent une société mais le chirurgien mourut dans un accident d'avion et Mas resta aux commandes de leur affaire. Il prospecta en Amérique latine, développa son commerce, embobina des experts et des naïves patientes. Vinrent les incidents. Il y eut plus de mille ruptures d'implants, des cancers, des morts. Le silicone de ses prothèses était en réalité un mélange industriel pour sceller des matériaux de construction, avec un additif pour carburants et des composants utilisés pour la fabrication de tubes en caoutchouc. Cinq cent mille femmes dans le monde se sentirent en danger de mort. M. Mas fut montré partout comme un criminel irresponsable, ou cynique, ou dangereux.

Ce ne fut pas à cause de ces implants fabriqués en France que M. Bayrou le Béarnais lança la grande idée, presque la première de cette campagne, reprise par l'ensemble des candidats : « Produisons et achetons français ! » Voilà qui sonnait beau comme une réclame. François-sans-Terre lança de la sorte son *label France* sitôt copié par Notre Commercial Monarque avec son *origine France garantie*. Cela évoquait avec gourmandise aux plus anciens d'entre nous les slogans de M. Missoffe, dans les années soixante, lorsqu'il voulait que nous mangions des rôtis pour enrichir les éleveurs : *Suivez le bœuf !* ou, au début des années quatre-vingt, le *Produisons français* du baron Marchais, histrion irremplaçable.

Le problème était ailleurs. Nos objets et nos mets étaient internationaux.

« C'est pas les agences de notation qu'elles vont dicter not'politique ! » s'indignait le Prince en enflant le torse, ventre rentré, regard de flamme. En octobre il avait dit le contraire : « Si la France perd son triple A, j'suis mort ! C'est là-dessus que s'fera la différence avec M. de la Corrèze, et on doit tout faire pour l'garder. » Les points de vue en girouette du Prince se modelaient sur les changements de l'actualité, et, pour se réchauffer l'esprit, il répétait à ses visiteurs que beaucoup d'autres pays européens étaient visés par ces sagouins des agences anglo-saxonnes. Il prenait alors un air détaché très étudié, l'œil vague à moins qu'il ne portât des lunettes de soleil, et refusait que cela tournât au drame. Il s'emporta néanmoins contre M. de la Corrèze qui refusait sa *règle d'or* ; il entendait l'imposer comme un cadre indépassable, une heureuse contrainte consignée dans notre Constitution pour empêcher la dette de devenir obèse. M. de la Corrèze avait rétorqué sèchement que la même contrainte existait dans les traités européens précédents, et que Sa Majesté s'était assise dessus. Le Parti social brandissait le traité de Maastricht qui avait fixé l'équilibre des comptes et que Notre Oublieuse Majesté ne respecta jamais, pas plus que l'article 34 de la

Constitution qu'elle avait fait elle-même voter en 2008. On vit le peu d'effet des signatures sur un morceau de papier. Aujourd'hui, le Prince serrait les dents parce que l'agence Standard and Poor's lui avait lancé un ultimatum gonflé et il risquait de voir dégrader son excellente note ; alors il devrait emprunter sur les marchés à des taux monstrueux qui le torpilleraient. Et les sociaux élargissaient cette plaie : « Les impériaux ne veulent pas sortir de la crise, ils demandent l'union nationale pour sauver la face du Prince. » Même le petit marquis de Minc, fort écouté d'une oreille au Château, disait de Notre Essoufflé Monarque : « Nicolas Ier s'est accroché au AAA de la France de manière totale, il joue sa peau d'une certaine façon. »

Au fait, à quoi ressemblaient les croque-mitaines des agences de notation qui faisaient la loi dans ce Wild West ? D'où sortaient-ils ces verdicts sans appel qui effrayaient une centaine d'Etats et des milliers d'entreprises ? Leurs inspecteurs se recrutaient dans le bas de gamme des écoles de commerce et d'économie ; ils débarquaient, reniflaient le climat, restaient deux jours à croiser des hauts fonctionnaires et décidaient au chaud dans leurs bureaux. Il ne fallait pas s'étonner, en observant leurs méthodes, que ces agences puissantes n'eussent rien vu venir de nos modernes catastrophes. Ces oracles salariés dépendaient de leurs clients, lesquels cherchaient des endroits sûrs où investir. Par incapacité ou par effronterie, les agences n'avaient pas cessé de se tromper. Quand la banque Lehman Brothers s'écroula en entraînant après elle un large pan de notre système affairiste, elle était choyée, comme l'Irlande qui s'effondra avec une note de confiance maximale. L'acharnement des agences contre la Grèce provoqua une chute de la monnaie dans toute l'Europe. Leur sévérité envers l'Italie et l'Espagne ne fit qu'aggraver leur situation et jeter à la rue des foules. Lorsqu'elles osèrent baisser la note des Etats-Unis, les agences commirent une légère erreur de deux cents milliards de dollars sur la dette, mais elles ne rectifièrent pas et maintinrent leur décision. Cent Etats tremblaient et mieux encore ils permirent à d'anciens banquiers d'affaires de s'emparer du pouvoir politique. Nombre de ces nouveaux dirigeants sans reproche venaient de la banque américaine Goldman Sachs, qui fut à l'origine de la crise et maquilla les comptes de la Grèce ; ainsi deux Italiens gravement peu italiens, issus de chez les jésuites et bonnets de nuit, don Mario Draghi et don Mario Monti, se virent catapultés à la présidence de la Banque européenne pour le premier, à la tête du gouvernement d'Italie pour le second. Les techniciens tristes étaient au commandes d'une triste situation qu'ils avaient en son temps aidée à naître.

Le décor était placé.

Et la gifle siffla trois fois sur les joues du Prince : Standard and Poor's dégrada d'un point notre note.

Les caprices de l'agence américaine ne soulevèrent aucune passion particulière. La fin de semaine fut fructueuse en faits divers capables de tirer des cris d'épouvante ou des sourires enfantins. Le même jour que notre dégradation infamante, comme un fâcheux symbole pour Notre Prince Omniprésent, le *Costa Concordia*, un ventru paquebot de croisière rempli de touristes en short jusqu'aux cales, naviguant pour la frime trop près des côtes toscanes, éventra sa coque sur des récifs et se coucha lentement sur le flanc. Les passagers eurent l'impression désagréable de revivre la mésaventure du *Titanic* ; il y eut panique à bord, course aux canots, l'eau montait dans les cabines en noyant quelques vacanciers pris au piège. Quelques-uns certifièrent que le capitaine s'était enfui parmi les premiers. Fenestrons et gazettes en furent encombrés. Le comte Longuet, ministre de la Guerre, ne put retenir une astuce et compara cet officier de marine peu fiable à M. de la Corrèze qui allait lui aussi nous mener au naufrage, mais ce fut jugé inconvenant et il fut conspué. En cette même fin de semaine, l'autre événement se déroula au zoo de Beauval. L'empereur Hu, après bien des hésitations, afin de sceller nos amitiés franco-chinoises, nous louait pour dix ans deux pandas géants qui arrivèrent en Boeing de Chengdu. Ils s'appelaient Joyeuse et Rondouillard. Le zoo dépensa des millions d'euros pour leur construire un paradis avec des pagodes, des lampions et des lions bouclés en marbre. On s'acoquina avec une pépinière pour fournir à ces animaux leur ration quotidienne de quarante kilos de bambou, conservés dans des frigos avec brumisateur. Les directeurs de ce parc espéraient cent mille visiteurs supplémentaires par an.

Les deux événements précités constituaient l'essentiel des conversations et des émois, au détriment des manœuvres de la campagne du Trône. Qui prêtait attention aux efforts de M. de la Corrèze déambulant à l'étranger pour s'y faire connaître ? Il n'y rencontra aucun chef de gouvernement, lesquels se détournaient de ce représentant du Parti social, et il ne vit que des sous-fifres en Grande-Bretagne, en Espagne, en Italie... Le public ne retenait que les grands malheurs ou les petites polémiques, dont la plus niaise fut lancée à ce moment. « La campagne s'enflamme ! » écrivit une gazette peu imaginative. M. de la Corrèze déjeunait un mardi *Chez Françoise*, un restaurant des Invalides que pratiquaient les parlementaires ; il avait invité des libellistes pour leur expliquer son programme, et, librement, afin de détendre ses convives, il se mit à imiter Sa

Majesté en improvisant le discours qu'il pourrait tenir aux électeurs : « Je suis un monarque en échec depuis cinq ans, *je suis un sale mec*, mais réélisez-moi parce que, dans cette période difficile, je suis le seul capable. » C'était une pochade, toutefois le *sale mec*, dans la bouche de M. de la Corrèze, ne prit point une allure parodique mais outrageuse. Le Parti impérial sauta sur cette occasion de ferrailler. La riposte devait être systématique, comme l'expliqua un ministre : « Nous sommes missionnés par Nicolas Ier pour taper sur M. de la Corrèze. Le but est de l'affaiblir avant que le Prince ne se déclare. » Le duc de Meaux renchérissait : « Il ne faut rien laisser passer ! » Les angles d'attaque étaient harmonisés au Château et, quand l'opération le valait, le duc de Meaux et M. d'Hortefouille convoquaient leurs troupes, leur donnaient des perspectives et des formules à ressasser sur les ondes ou les fenestrons, puis ils les lâchaient ; tous évoquèrent des propos indignes, des insultes choquantes qui abaissaient le débat même quand on ne voyait poindre aucun débat. Comme on s'en doutait, la baronne de Morano glapit avec le plus d'outrance ; surgissant du Conseil des ministres, rouge brique de colère, l'œil révulsé, la bouche tombante, elle s'approcha de la grappe des gazetiers qui attendaient le micro au vent : « J'exige des excuses publiques ! Ces propos sont inqualifiables ! »

Mme de Morano était une femme qui avait plus de sens que d'esprit, et qui montrait plus de sens qu'elle n'en avait en effet ; elle causait comme son maître, c'est-à-dire fort mal et en dehors de la syntaxe, mais elle supposait au peuple un langage toujours ordurier et bancal qu'il n'avait point en réalité. Elle était pourtant issue d'une famille ouvrière de Toul et disait, en se vantant de ce qu'elle imaginait comme une réussite : « Mon grand-père maçon est arrivé d'Orasso Cursolo avec sa chemise sur le dos. Aujourd'hui je suis ministre. » Elle n'était pas moins persuadée que pour être populaire il fallait être vulgaire, ce que remarqua en 2008 le comte de Val, avant que Nicolas Ier ne le nommât à la tête d'une radio publique : « Ce n'est pas parce que quelqu'un est vulgaire qu'il est populaire. » Mme de Morano avait en tous lieux des mœurs et des mots de poissarde. Boursouflée par son rôle, elle traitait le petit peuple fort mal. Son ascension lui frappait dans la cervelle. Lorsqu'au Printemps de Nancy elle surprit la remarque désagréable d'une vendeuse de la marque Kookaï, elle la fit renvoyer malgré ses excuses. Lorsqu'une internaute se moqua d'elle en la montrant qui dansait comme une diablesse à une fête du Parti impérial, elle saisit le tribunal. Lorsque, en Guyane, elle voulut se promener sur le fleuve Comté, le Préfet dut décommander les familles de militaires qui avaient ce jour-là réservé les pirogues. Lorsque sa Renault berline officielle, gyrophare allumé, fila à contresens sur l'avenue du Général-Leclerc pour rejoindre Orly, l'un des motards de son escorte renversa un jeune homme, qu'on emmena avec une hémorragie interne ; elle se lamenta sur le blessé, consola le motard et expliqua : « Les motards, y sont pas là pour faire beau dans le décor. Les escortes sont justifiées. On n'a pas la vie des gens normaux. » Pour rentrer chez elle en avion avait-elle vraiment besoin d'un cortège officiel ? Ainsi qu'elle le disait, elle n'était pas normale ; juste enflée. Elle n'avait jamais supporté la moquerie. Elle détestait les *Guignols de l'Info* et que sa marionnette la présentât en poissonnière à laquelle on vient acheter des merlans. Ah ! elle aimerait bien déjeuner avec eux, les humoristes masqués qui la méprisaient : « Ils verront que c'est pas parce qu'on a grandi dans une cité et qu'on vient d'une famille d'ouvriers qu'on en est moins classe ! » Qui avait dit le contraire ? « Je rêve comme tous ceux que je croise de voir leurs têtes de bobos parisiens ! » Ce qui demeurait l'injure suprême, être comparé à ces bourgeois bohèmes pleins aux as, feignasses, dépravés, qui vivaient au cœur des villes dans des lofts de luxe et votaient pour le dangereux M. de la Corrèze. Si elle supportait mal qu'on la brocardât, elle ne se gênait pas pour boxer ses adversaires jusqu'au sang. Elle cognait en service commandé sur le Parti social honni et ceux qui lui tournaient autour. L'archiduchesse des Charentes ? Elle ne séduisait que les caissières à Mammouth, ce qui était désobligeant pour ces prolétaires qui vivaient si mal et de peu ; c'était bien la peine de critiquer la haine de classe dès qu'elle se sentait concernée. Elle expédiait des messages électroniques vengeurs et en toute occasion. Le comte Mosco, qui réglait la campagne de M. de la Corrèze, en fit les frais. La baronne, en peu de mots, livra aux masses qu'il avait échangé des propos salaces avec M. de Washington. Ce qui était faux. Il réagit : « Nicolas Ier a des drôles de ministres : rumeurs, diffamation et orthographe pathétique. Ça promet. » Mme de Morano n'existait que pour louer Son Prince Charmant, le meilleur et le plus costaud : « Vaut mieux travailler dur pour grimper les marches de l'escalier qu'atterrir comme M. de la Corrèze au sommet du toboggan pour en dégringoler. » L'image était-elle heureuse ? C'était le Prince, qui se trouvait en haut du toboggan. Il suffisait d'une pichenette pour qu'il se retrouvât au sol. Celui-ci l'adoubait sans états d'âme, cette baronne qui le servait jusqu'à la plus parfaite mauvaise foi : « L'duc de Nice, Estrosi, il est ridicule, il est comme un chien de chasse, il va chercher le gibier et il le déchiquette. Avec la baronne Morano, la bête est étourdie, mais encore mangeable. »

Au mitan du mois de janvier, les scores projetés des deux candidats au Trône se rapprochaient. L'abbé Buisson, qui figurait par ses conseils en Lucifer du Monarque Inspiré, certifiait que d'après ses calculs M. de la Corrèze allait s'effondrer ; d'autres prévoyaient que les courbes des sondeurs allaient bientôt se croiser et que Sa Majesté passerait en tête pour y garder le maillot jaune de champion. Il fallait poursuivre l'effort, expliquer que M. de la Corrèze était un imposteur. Dès qu'il poserait officiellement sa candidature, le plus tard possible, Notre Féroce Tyranneau gagnerait encore du terrain sur son adversaire fourbu. « Accélérons le rythme ! » ordonnait M. d'Hortefouille, et il frappait ses tambours ainsi qu'un maître de nage à bord d'une galère.

Notre Maussade Monarque se sentait loin de ces manifestations plus guerrières qu'enthousiastes. Il naviguait en Guyane au large de Taluen, sur un canot d'officiers blanc et or, encadré par Mme de Prosciutto-Morizet en costume de lin blanc cassé, et du cardinal de Guéant dont la mèche volait au gré du courant. Le Prince était sombre comme son veston, encravaté comme pour dîner au Fouquet's, soucieux, l'œil vague se promenant sur l'autre rive. Il était encore sonné par la perte de ce triple A qu'il chérissait ; des pressentiments l'assaillaient :

— D'toute façon, dit-il, j'suis au bout. Dans tous les cas, pour la première fois de ma vie, j'suis confronté à la fin d'ma carrière…

— Dans trois mois ou dans cinq ans, Cuisant Leader ?

— Qui le sait…

— Battu en mai, par incroyable, Votre Désarmante Majesté pourrait reprendre la tête du Parti impérial et le mener à la gloire.

— Vous voulez que j'anime une section de colleurs d'affiches ? Je n'mérite pas ça. Je préfère encore le Carmel. Au Carmel, au moins, il y a de l'espérance.

— Nous vous imaginons mal sous le voile des carmélites, Puissant Empereur. Vous voulez donc changer de sexe pour changer de vie ?

— En tout cas je changerai d'vie complètement, vous n'entendrez plus parler de moi.

— Vraiment, Tonitruant Monarque ?

— Je peux voyager, prendre des responsabilités, commencer mes semaines le mardi et les finir le jeudi soir. Franchement, ça m'fait pas peur.

— Vous n'allez donc pas vous présenter au suffrage du Trône, Merveilleux Machiniste ?

— Je m'représent'rai pas simplement pour rester au pouvoir. Je dirai pas non plus qu'j'ai besoin de cinq ans supplémentaires pour achever ma tâche. Si j'me représente c'est que j'aurai de nouvelles idées, un programme de réformes. Si j'me représente pas, j'deviendrai immédiatement un mythe. Même vous, vous me regretterez…

— Assurément, Triste Sire !

— Les seconds mandats sont toujours des catastrophes.

— Pas pour vous, Irascible Satrape !

— Faudrait avoir un rêve à porter pour la France…

Un avion ramena le Prince de Cayenne au Château le jour même où le Parti social réunissait ses bataillons au Bourget.

Il arriva une chose si singulière et si bien concertée qu'elle peut être dite en exemple. C'était un dimanche au Bourget, à côté d'un aéroport converti pour accueillir des petits aéroplanes d'affaires. Depuis les bretelles de l'autoroute voisine, il y avait un embouteillage de voitures et de coches assez conséquent pour que leurs passagers finissent à pied le chemin, en longues files sous des haut-parleurs qui nasillaient une *Marseillaise*. Par grappes continues, ces péquins fort divers d'apparence et d'âge longeaient des étals de frites et de saucisses grasses ; un rusé marchand criait : « Demandez les sandwiches de la Nouvelle France ! » Le flot avançait en contournant des grillages, se dirigeait autour d'un gracieux hangar en béton, jusqu'aux portes entrouvertes où il se faufilait. Certains parlaient fort, drapeaux roulés sur l'épaule comme des lances : « Sera-t-il à la hauteur ? » Beaucoup de ceux qui venaient voir et écouter M. de la Corrèze, duc de Tulle et prétendant au Trône, étaient encore pleins de doutes sur sa vraie dimension, tant il était souillé par le Parti impérial, mais nulle moquerie, tant ils espéraient se défaire d'un Nicolas Ier auquel ils attribuaient une large part de leurs maux.

Ils se serraient sur les gradins. Au bas d'un écran qui renvoyait à la foule son image nombreuse, on put lire : « Vous êtes vingt-cinq mille ! » Les drapeaux tricolores et européens comme ceux aux armoiries de M. de la Corrèze se déployaient ; les cornes de brume en plastique ajoutaient à la cacophonie et scandaient l'impatience. On vit d'autres écrans descendre contre le fond bleu roi de la scène, on vit MM. Jaurès, Blum, Mendès et Mitterrand, puis un rappel de l'engagement du duc de Tulle au Parti social. Avec ses mèches entortillées, le chevalier de Noah chanta et on n'entendit trop quoi, tant la sonorisation était forte et chuintante, mais les gens se dandinaient, même les barons du Parti aux premiers rangs. On remarqua l'absence du comte Rocard et l'ovation à la duchesse de Solférino, Mme d'Aubry, dès qu'elle parut.

Surgissant d'une sorte de couloir aménagé entre les estrades, M. de la Corrèze entra enfin ;

hurlements, bousculades, piétinements pour lui toucher une manche ou le bout des doigts. Cela dura, car il fit un long détour parmi le flot humain. Jamais on n'ouït de tels cris de joie, ni tant d'applaudissements ; on ne savait voir M. de la Corrèze, même à la lorgnette, mais on le devinait aux ondulations d'un public qui le porta jusqu'à son pupitre.

Là, il tint l'auditoire assez longtemps en suspens puis commença à se montrer : ce fut avec une érudition, une force, une précision et une éloquence incomparables. Il ne regardait point en arrière et ne dit point son fait à Nicolas Ier, comme le fit jadis M. de Fénelon à Louis XIV : « Vous vous flattez des succès journaliers, qui ne décident rien, et vous n'envisagez point d'une vue générale le gros des affaires. » Avec fermeté et sérénité, M. de la Corrèze s'éleva. On l'accusait de mollesse, il se montra déterminé. On l'accusait d'hésitation, il visa la clarté brute. Il évoqua une jeunesse où il rejoignit la Gauche par un sentiment de justice, et lui qui détestait parler de soi, remercia brièvement ses parents : « Mon père, parce qu'il avait des idées contraires aux miennes et qu'il m'a aidé à affirmer mes convictions. Ma mère parce qu'elle avait l'âme généreuse et qu'elle m'a transmis le plus beau, l'ambition d'être utile. » Puis il enchaîna : « J'aime les gens, quand d'autres sont fascinés par l'argent. »

Il s'attaqua au monde de la finance avec des phrases sorties des œuvres de François III Mitterrand, et comme M. Kennedy demanda aux gens rassemblés ce qu'ils comptaient faire pour leur pays. On put lire son discours, qui à la surprise de tous dévoilait un programme, dans les gazettes du lendemain, mais sans entendre comment la foule entrecoupait ses phrases d'ovations debout. Il plut, ce jour-là, et bien de ses propositions se retrouvèrent de l'autre côté de l'océan, dans la bouche de M. Obama parlant à son Congrès. Il fut lyrique même, osa citer Shakespeare : « Ils ont échoué parce qu'ils n'ont pas commencé par le rêve » ; M. Shakespeare ne dit jamais cela, ni M. Nicholas Shakespeare notre contemporain, mais les encyclopédies électroniques où se fourraient tant de citations fautives. Le discours de M. de la Corrèze n'en fut point entaché, et lorsqu'il se retira, repassant dans une foule brûlante, les curieux étaient convaincus, les attristés joyeux comme s'il avait multiplié les pains au bord du lac de Tibériade. Certains prédisaient même que les vents avaient tourné, ici, au Bourget, ce que semblèrent confirmer les jours suivants.

Jamais la collusion entre le monde politique et celui de l'argent n'avait été autant exaspérée que sous Nicolas Ier, lequel disait là-dessus certaines vérités qu'il rangeait aussitôt au placard afin de ne point déplaire à ses bailleurs. Il faisait diversion en fouaillant M. de la Corrèze par le biais, citant ses mesures financières qui ne manqueraient pas de ruiner les classes moyennes, ceux qui n'étaient ni riches ni pauvres, baladés entre les deux, et son adversaire lui répondait, placide, amusé presque : « Depuis cinq ans, les classes moyennes ont beaucoup payé, elles n'ont rien reçu. » Déambulant dans les rues de La Seyne-sur-Mer pour visiter une maternité menacée, requinqué par l'accueil du Bourget et son affluence encourageante, M. de la Corrèze aimait à se baigner dans la foule. Il avait un mot ici, un sourire là, attrapait des mains au passage, écrivait sur le carnet de correspondance d'une collégienne : « A Naomy, bon pour un jour de vacances le 6 mai 2012. » C'était la date de son affrontement possible avec Notre Redoutable Prince. Lorsqu'il s'égarait ainsi, batifolant auprès de ces badauds qui se pressaient autour de lui, et le réconfortaient, on entendait une voix de basse qui lui sifflait aux oreilles : « C'est fini ! Il faut y aller, maintenant. » La voix était celle du duc d'Evry, M. Valls, qui le prenait par le bras et le poussait vers la portière ouverte de sa voiture. Maître des cérémonies, il savait ménager le candidat et exerçait sur lui une sorte d'autorité complice et raisonnée. Il se méfiait des gazetiers auxquels on se confiait toujours trop, les écartait. Une fois seulement il faillit en abandonnant M. de la Corrèze dans un train rapide qui le ramenait de Londres ; profitant de ce que le comte Mosco, chargé de le garder, lisait un roman policier, le candidat s'esquiva pour rejoindre des gazetiers à la voiture-bar, en disant : « Ce soir, je peux vous rencontrer, je ne suis pas sous surveillance. » Il s'en amusait mais craignait de se faire gronder par M. d'Evry. Celui-ci était un homme indispensable, fait exprès pour présider un bal, pour être le juge d'un carrousel et, s'il avait eu de la voix, pour chanter à l'Opéra le rôle du roi et du héros, mais il était présentement porté à obliger et à servir. Au Bourget il courait au pied de l'estrade et dans les travées numérotées, ayant l'œil partout, organisant, veillant aux invités, aux drapeaux agités, à la masse ravie du commun. On oubliait sa courte taille quand il vous jaugeait avec raideur, et ce menton levé qui caractérisait le matador Paco Ojeda à la Monumental de Barcelone, face au toro de combat qui battait le sol du sabot avant de charger. M. d'Evry jouait son rôle à la perfection, jour et nuit sur le pont. Il collait désormais à M. de la Corrèze, sur les photographies toujours à ses côtés, rusant souvent pour être le seul, comme ce jour où il invita le comte Mosco à profiter de sa voiture ; l'autre y monta, M. d'Evry claqua la portière et s'en alla rejoindre M. de la Corrèze dans une autre voiture, laissant le comte Mosco fort dépité de s'être fait jouer, lui qui voulait aussi profiter de leur candidat et être vu à ses flancs.

La nervosité de M. d'Evry se lut pendant l'hiver aux plaques rouges qui lui dévoraient le visage et à ses colères célèbres. Rude avec autrui, il appréciait avant toutes choses un Etat fort, ordonné et rigoureux. Tendu vers la victoire de M. de la Corrèze et du Parti social, il confiait : « Je ne suis pas d'un naturel angoissé. Je peux être fatigué, et il arrive que mes émotions s'en ressentent. Ma seule angoisse est celle du résultat. » Il ajoutait : « Je ne suis pas un artiste, moi ! », faisant référence à son père le peintre catalan, et à la duchesse son épouse, violoniste dans un orchestre de chambre, laquelle joua également avec MM. Julien Clerc et Laurent Voulzy. N'était-il point ambitieux pour lui-même ? Si. Invité par Nicolas Ier en personne à une garden-party au Château, il avoua en plaisantant à demi : « Je repère les lieux. »

Chapitre V

LE CANDIDAT ENFARINÉ. – SA MAJESTÉ SE DÉCLARE ENFIN. – COMMENT LE MODÈLE ALLEMAND VIENT À LA RESCOUSSE. – HARO SUR LA VIANDE MAL ÉGORGÉE – LA CORRIDA DE BAYONNE ET CE QUI S'ENSUIT. – A VILLEPINTE. – ON CHANGE DE BORD. – DES COURBES QUI SE CROISENT FUGITIVEMENT.

En son début, le mois de février fut le plus glacial que nous eussions connu depuis vingt ans, à cause d'un vent mauvais qui soufflait de la Sibérie. Un enfant de douze ans se tua en tombant dans un étang gelé des Vosges ; un malade d'Alzheimer, ne se rappelant plus où il habitait, tourna en rond près de chez lui sans trouver sa porte, et il mourut de froid en pyjama sur un chemin forestier de Moselle. Des médecins à la retraite étaient mobilisés pour effectuer des maraudes et réchauffer les clochards qui vivaient sur les trottoirs. Les usines étaient figées par le froid, sauf à Mennecy : Notre Gercé Monarque s'y rendit malgré les bétonneuses engourdies. Par miracle, il vit des ouvriers en casques qui battaient la semelle et l'attendaient.

— Bon courage, leur dit Sa Majesté Enjouée. Le travail en plein air, ça a pas l'air facile !

— Candidat ou pas candidat ? lui demanda alors un ouvrier noir en casque rouge.

— Caméra ou pas caméra ? répondit le Prince en lui malaxant l'épaule et montrant les gazetiers emmenés.

— On compte sur vous, allez-y ! redit le même.

— On s'comprend, hein ? acheva le faux candidat qui était candidat sans le dire tout en le faisant comprendre.

Un libelliste fit le constat que « si Sa Majesté avait voulu monter la scène de toutes pièces, elle n'aurait pas fait mieux ». Justement, sur ce chantier à l'arrêt où le ciment frais gelait, la scène avait été montée ; comme aucun ouvrier n'était présent, on avait costumé des figurants, rétribués pour valoriser un Prince qui venait de passer à l'offensive. Il avait parlé à ses sujets, sur neuf fenestrons à la même heure, afin qu'aucun électeur ne lui échappât. Dans la salle des fêtes du Château, un peu guindé, lèvres pincées, il posa en Souverain Unique et Grand Protecteur Courageux. Il livra un train de mesures qu'il mettrait en œuvre après sa victoire du Trône, dont il ne doutait point malgré sa popularité calamiteuse, et osa même renforcer ce penchant en imposant une taxe, sans la moindre concertation, laquelle toucherait même les plus pauvres et ferait baisser le pouvoir d'achat de tous. En la matière, ses sujets semblaient se fier davantage à son adversaire du Parti social, qui sauverait les services publics et leur niveau de vie. Alors Notre Monarque Courroucé s'en prit sans jamais le nommer à M. de la Corrèze, qu'il jugea arrogant après l'avoir traité de mou, et on ne vit jamais, toutefois, de mou arrogant.

— Que pensez-vous de l'encadrement des loyers que votre principal concurrent préconise, Magnifique Seigneur ? demanda une gazetière blonde et futée.

— Ça a marché nulle part, même en Union soviétique !

— Et les emplois-jeunes...

— De l'assistanat !

— Le retour de la retraite à soixante ans...

— Mensonge ! Ça conduirait l'pays à la ruine. Je m'demande si les gens qui prononcent ces discours sortent parfois de France. Qu'attend de moi mon peuple ? Que j'le protège de la crise !

Quelques jours plus tôt, pour tâter M. de la Corrèze, le Prince avait envoyé contre lui, dans un débat vengeur, son serviteur le duc de Bordeaux qui s'emmêla dans ses mots et montra vilaine figure en imaginant son contradicteur face aux Chinois retors, comme si M. de la Corrèze était déjà vainqueur, puis il usa du mot *arrogant* pour le qualifier, ce qui était le dernier ordre du Château. L'autre répondit :

— En matière d'arrogance, je pense que chacun doit faire son examen de conscience.

— Je l'ai fait depuis longtemps, répliqua le duc.

— Il y a des rechutes possibles.

Le duc de Bordeaux termina fort mal sa causerie qu'il aurait aimée plus acerbe pour désarçonner son adversaire ; il moula une réflexion en forme de dicton : « Le favori de janvier n'a jamais été élu au mois de mai », montrant d'un coup qu'il avait perdu son sang-froid, cette qualité pour laquelle on l'avait missionné.

Celui qui montra réellement du sang-froid, ce fut précisément M. de la Corrèze ; il s'était remplumé au Nouvel An chinois de l'avenue de Choisy, accueilli par des cymbales, des tambours, des cris d'encouragement et, surtout, par de longs dragons qui ondulaient sur le pavé et symbolisaient l'année nouvelle, desquels le candidat réjoui prétendit puiser de la force, de l'audace et de l'énergie. Ces qualités ne lui manquèrent point le mercredi 1er février, lorsque, prononçant une allocution à la tribune de la fondation Abbé-Pierre, une Lilloise à bout de ressources, qui se disait assassinée par le Parti social du Nord et avait été remarquée pour sa paranoïa, monta sur le podium et lui versa dessus un sac de farine. M. de la Corrèze resta de marbre comme une statue du Louvre ; il ne broncha point, n'eut même pas l'air étonné de cet attentat pâtissier, n'eut aucun geste de recul ni de frayeur et se contenta, ainsi poudré de blanc, de tapoter les feuillets de son discours sur le pupitre pour en faire tomber la farine. Un jeu électronique apparut aussitôt, où il s'agissait de lancer un maximum de paquets de farine sur le candidat pour devenir un expert en enfarinage. Un garde du corps jeta à terre la forcenée ; l'escorte prévue était loin et mal placée. Le lendemain, M. de la Corrèze eut droit à quatorze officiers de sécurité, parce que, favori, il changeait de statut. Le regard des gens avait pareillement changé sur lui. Des hauts fonctionnaires, des ambassadeurs tentaient de l'approcher. Les écologistes de France Nature Environnement l'applaudirent, lui qui n'était pas favorable à une sortie rapide du nucléaire, malgré les tractations qui eurent lieu entre Mme de Solférino et Mme du Flot qui gouvernait les Verts. Bien sûr, il faudrait quitter nos centrales vétustes et dangereuses à terme, qui nous offraient une électricité chère ; et puis, un jour, il n'y aurait plus d'uranium pour les nourrir. Nicolas Ier semblait à la traîne et M. de la Corrèze le déclara sans ambages : « Il va nous expliquer qu'il préfère perdre dans le courage que gagner dans le mensonge, mais comme il a déjà gagné dans le mensonge... »

Au même instant, le chevalier de Montebourg, qui pensait se démarquer et combattait le privé au nom du public, courut les usines où le Prince avait semé des promesses non tenues pour y porter la parole du Bourget. Dans la foulée, il créa un mouvement éphémère qu'il appela la Rose et le Réséda en hommage à M. Louis Aragon qui chantait ainsi :

Quand les blés sont sous la grêle
Fou qui fait le délicat
Fou qui songe à ses querelles
Au cœur du commun combat…

Notre Impudent Monarque faisait lanterner ses partisans impatients en ne se déclarant pas. Il refusait de se hâter et défendait à chaque occasion son action passée. Il prétendait avoir amélioré la condition des étudiants quand il l'avait détériorée car la pauvreté s'accentuait chez eux. L'autonomie des universités avait peu à voir avec ce qu'il décrivait, car elle multiplia les inégalités entre les territoires où elles étaient implantées. Il affirma que nos facultés attiraient les étrangers alors même que le cardinal de Guéant faisait l'impossible pour les chasser au lendemain de leurs études, les empêchant de se parfaire chez nous. Il certifiait que la hausse prévue des taxes n'aurait point d'effet sur les prix des marchandises, et il comparait à la même taxe en Allemagne, laquelle avait accru les prix. Les entorses à la réalité ne perturbaient jamais Notre Prince Hâbleur, il avait toujours raison et les coups ne comptaient pas. La reine Andrée, sa mère, confiait ce travers : « Nicolas n'a jamais eu peur de rien. A son grand frère Guillaume qui avait quatre ans et dix centimètres de plus que lui, il disait : *toi, tu m'fais pas peur !* Alors il prenait une rouste, mais cela ne l'effrayait pas. » Néanmoins, Sa Majesté s'effrayait de ces minuscules candidat, qui, sortis de son parti en le boudant, fleurissaient comme des coquelicot dans un champ. Trop nombreux, ils risquaient de lui manger des suffrages et de le faire perdre. Courroucé, le Prince-Sans-Peur eut cette formule à graver : « Le vote universel est parfois aveugle. Il arrive que des hommes de qualité soient battus et des tocards élus. » Cette situation agaçante ne le rassurait point. Le duc de Villepin avait surpris son monde en se présentant à l'élection du Trône ; presque seul, sans troupes et sans moyens, il n'avait que sa crinière et son verbe pour contrer les ardeurs du Prince, lequel l'avait longtemps persécuté ; le duc de Bordeaux fit à ce propos un bon mot : « On ne peut pas franchir le pont d'Arcole tous les jours », pour déplumer le panache du duc, omettant que Bonaparte n'avait jamais franchi ce fameux pont et qu'il était tombé dans la vase de la berge. Il n'y avait pas que M. de Villepin pour mordiller les mollets du Souverain ; ils étaient maintenant huit à sortir du Parti impérial ou de ses marges, qui formaient une droite hétéroclite et hostile ; il fallait les récupérer ou les étouffer pour dégager la voie vers le Trône. Il y avait la marquise Le Page et ses amours écologiques, la sœur Boutin qui luttait contre le mariage homosexuel au nom de Jésus-Christ, laquelle pesait 2 % des voix catholiques, le comte Dupont-Gnangnan drapé de tricolore et pourfendant l'Europe, M. Nihous qui défendait les chasseurs contre les lapins, le baron Morin, ci-devant duc de Normandie, qui entendait grouper les centristes sous ses ailes de cormoran. Il y avait principalement deux redoutables, et qui pesaient bien plus lourd, la princesse de Montretout, née Le Pen, qui menaçait à tout va et grimpait haut sur l'échelle des scores ; elle en appelait à la majorité silencieuse, aux rejetés, aux bernés, aux oubliés, suivie en cela par M. Bayrou, François-sans-Terre, ce Béarnais que le scrutin ressuscitait tous les cinq ans, qui surgissait de son tombeau comme le comte Dracula mais pour donner des leçons de morale, et présidait à l'union des déçus contre les principaux favoris. Si l'on additionnait les voix de chacun d'eux, voilà qui creusait le résultat promis au Prince. Les impériaux et les courtisans brûlaient des cierges et priaient afin que ces candidats fantoches n'obtinssent point les signatures nécessaires des cinq cents élus qui devaient valider leur entrée véritable en course, et qu'ils n'éparpillassent pas les voix logiquement vouées au Prince.

Les conseillers du Château entouraient Nicolas Ier et l'aidaient à échafauder une mise en scène tactique pour, comme chez les Horaces et les Curiaces, défaire un par un ces ennemis de l'intérieur. Notre Flamboyant Monarque courut d'abord là où la menace était la plus imposante, contre Mlle de Montretout dont on répétait qu'elle pouvait figurer au second tour de l'élection, et qu'elle avait des chances sérieuses de l'emporter au final. Sachant ces racontars, Notre Pugnace Satrape l'attaqua sur son point le plus formidable, cette immigration qu'elle caricaturait parce qu'elle voulait bouter l'étranger hors de notre territoire, les Africains d'abord et surtout qui bénéficiaient comme coquelets en pâte de nos prébendes avant nous. Alors Notre Majestueuse Majesté, afin de lui dérober son épouvantail, pourfendit le droit de vote des étrangers aux élections municipales, que projetait d'imposer M. de la Corrèze. Eboueurs, femmes de ménage voilées, gâte-sauce fraudeurs, gâcheurs de plâtre ou terrassiers africains seraient écartés du vote dans leurs quartiers. Le Prince avait jadis prôné le contraire, comme le sénateur Raffarin ou M. d'Hortefouille qui y voyaient plutôt un facteur d'intégration ; le Prince avait même consigné dans un livre par lui signé en 2001 qu'il était naturel que ces étrangers votassent « à compter du moment où ils paient des impôts, où ils respectent nos lois, où ils vivent sur notre territoire depuis un temps minimum, par exemple de cinq années ». Le Prince se renia donc une fois de plus pour, en ventriloque, emprunter les accents de Mlle de Montretout ; il fallait que l'électorat de celle-ci maigrisse pour que les impériaux ramassent des voix. En Alsace, dans le Nord, près de Nice où la population âgée et craintive se méfiait des immigrés, les impériaux les plus excessifs réclamaient l'expulsion des délinquants venus d'ailleurs et militaient contre un Etat providentiel et néfaste. Ces députés de Sa Majesté notaient les thèmes et anathèmes préférés de Mlle de Montretout pour les reproduire à l'identique et sans remords. La concurrence était ouverte.

Le cardinal de Guéant fut envoyé au front ; très obéissant et très suiviste, il batailla en expliquant que toutes les civilisations ne se valaient point. Sa phrase eut de l'écho car on avait compris qu'il fustigeait d'abord l'Islam, à l'instar de Mlle de Montretout pour qui tous les barbus en turban posaient des bombes aux sorties d'école. A l'Assemblée, un député de la Martinique, disciple de M. Césaire qui refusa naguère de croiser Notre Prince, apostropha le prélat en ces termes : « Votre Eminence privilégie l'ombre. Vous nous ramenez, jour après jour, à ces idéologies européennes qui ont donné naissance aux camps de concentration. Monsieur le cardinal, le régime nazi, si soucieux de purification, était-ce une civilisation ? » Assis au banc du gouvernement, le duc de Sablé, M. Fillon, sonna la retraite des impériaux avec une mine outragée. « Injures graves » entendit-on, et « Provocation indécente ! », « Climat dégradé ! », « Une honte ! » La honte ne venait-elle pas des abus du même duc de Sablé, lequel, pour ses week-ends dans la Sarthe, usait d'un Falcon 900 de l'Etat au lieu du train qui mettait Le Mans à une heure de Paris ; sa voiture le précédait sur la route pour l'accueillir à sa descente de l'avion et le mener devant son manoir. Le duc, si humble, si cul-bénit, qui se forgeait l'image d'un simple curé de campagne, se révélait un insatiable profiteur. Il avait des goûts de luxe qu'il cachait avec soin, mais la réalité rattrape souvent les hypocrites.

Le Prince ne se contenait plus. Il avait grande hâte à se déclarer mais attendait le dernier moment, pour mener la guerre sous couvert de son rôle de souverain, et que les comptes de sa campagne, qu'il souhaitait éclair, n'en fussent point affectés. L'exemple de Johnny Walker Bush le travaillait ; sa seconde campagne pour conserver le pouvoir tenait d'une chevauchée fantastique. Outre les médisances machinées pour ternir la réputation de son rival, il avait su convaincre la masse bouseuse des cow-boys en désignant comme ennemis les Indiens cruels et chapardeurs. Johnny Walker Bush, que les sondeurs donnaient au plus bas, mena la charge, transformant en tremplin les événements du 11 septembre, lorsque deux avions de ligne conduits par des terroristes s'étaient encastrés dans les Twin Towers de New York : il y avait par ses paroles gagné des galons de chef de guerre irremplaçable. Notre Piaffant Tyranneau suivait ce modèle, en s'appuyant sur la crise pour séduire les simples, car il se présentait comme le seul à pouvoir la dompter. Il partagea le pays en deux familles, celle des vrais travailleurs et celle des fainéants, ces pauvres qui, s'ils étaient moins paresseux, réduiraient le chômage, et les étrangers évidemment ; Sa Majesté reprenait sans le savoir un sketch indépassable de M. Fernand Raynaud qui triompha dans les années cinquante : tout un village se liguait contre cet étranger qui voulait s'implanter chez eux ; ils criaient, les villageois : « Dehors, l'étranger qui vient manger le pain des Français ! Dehors ! » L'autre finit par s'en aller sous les moqueries ; depuis, il n'y eut plus de pain au village parce que c'était le boulanger.

Notre Leader se déclara un mercredi soir de février, vêtu de noir comme le croque-mort des westerns, tendu dans les débuts, et il nous consacra dix-sept minutes : « Oui, dit-il, je suis candidat au

Trône. » Il expliqua qu'il avait mûri sa décision pendant plusieurs semaines, et que s'il renonçait ce serait un abandon de poste, qu'il figurait en capitaine dans la tempête et qu'il s'offrait au pays par devoir : « Il y a une France qui ne croit plus en rien. Mon engagement central c'est redonner la parole au peuple. » Il était temps. Il tonna contre son adversaire principal, le tenant d'une France faiblarde : « Le rêve français ? Des rêves, j'en ai connu, ça se termine toujours en cauchemar ! » Lui proposait une France forte ; c'était d'ailleurs le magnifique slogan que lui avait cousu sur mesure un as de la voltige publicitaire, le vicomte du Goudard, après six mois de cogitations ; c'était à un mot près la phrase pensée des affiches du roi Giscard lorsqu'il perdit contre le roi Mitterrand. Sur les affiches de Sa Majesté, son portrait figé, le regard vague ; à quoi pouvait-il bien penser sur ce fond de mer Egée ? Il devenait à ses dires un Français parmi les autres et voulait le prouver par mille petits signes. N'était-il pas arrivé dans les studios, pour enregistrer son message, à bord d'une Peugeot 508 de location, main dans la main avec Madame ? Malgré la boîte de cigares posée sur son bureau de contre-plaqué, au 18, rue de la Convention, où était établi son modeste Quartier général de candidat du peuple, on le vit arriver à pied et en pull noir à col roulé. Les gardes du corps était en dehors du cadre. Il déjeuna simplement dans une proche brasserie, le *Régalia*, et les gazetiers prévenus le regardèrent manger une simple omelette et une simple glace au café, avant qu'il ne bavardât avec de simples voisins sur le football. Il était réconforté par des médiums et des voyantes qui le donnaient vainqueur au deuxième tour de la Dispute du Trône.

Notre Humble Potentat se rendit en Haute-Savoie dans un avion privé, là où il avait rendu hommage aux résistants du plateau des Glières, mais il fut moins solennel cette fois en visitant à la place une fromagerie de reblochon. Parfois il se déplaçait en train, que survolait un Falcon officiel et que précédait sa Vel Satis blindée. A Annecy il condamna à nouveau les élites qui faisaient écran entre le peuple et lui, syndicats, partis, experts, commentateurs qui brouillaient ses messages d'amour. Il en profita pour piquer M. de la Corrèze, dont il disait : « J'entendais le candidat du Parti social, c'était une longue litanie contre moi. Il n'a donc pas d'idées à proposer ? » Puis il traita M. de la Corrèze de menteur au lieu de proposer ses idées : « Je sollicite votre confiance, votre adhésion, vos suffrages mais je vous dirai la vérité. Je n'aurai pas une vérité chez les Grands-Bretons et une autre en France ! » Il faisait allusion à des propos de son rival dans le *Guardian*, parce qu'il semblait rassurer la City qu'il avait bousculée au Bourget. Le Prince serra des mains de partisans groupés dans la vieille ville, poussa la porte d'une chocolaterie, d'une poissonnerie et d'une librairie avant de s'accouder au comptoir du *Bar du Marché* pour écouter les doléances des commerçants. Quand les impériaux s'aperçurent qu'il leur faudrait refuser du monde, au parc Chanot de Marseille, l'un d'eux s'enthousiasma : « La ferveur populaire est en train de monter ! » Le Prince pénétra effectivement dans une salle bondée, sur une musique pompière de M. Ferlet, celui qui signa les génériques d'*Ushuaïa* et de *Thalassa*, qu'il enregistra la semaine précédente en Bulgarie avec force tambours, comme s'il s'agissait de l'entrée des gladiateurs dans l'arène. Le numéro que servit Nicolas Ier était sempiternel, avec le refrain sur la famille, le travail et l'effort, contre un Parti social qui n'aimait pas la France. Il eut plusieurs couplets vengeurs lancés avec trémolos pour écraser M. de la Corrèze, quitte à lui prêter des intentions qu'il n'eut jamais, comme ceci, à propos des étrangers : « Régulariser massivement, ouvrir les vannes, ce n'est ni plus ni moins qu'une faute ! » Le Prince Démagogue, qui avait assuré que le débat serait d'une certaine tenue et sans attaque basse, fit l'inverse à Marseille en tapant sur M. de la Corrèze, lequel avait déjà brûlé toutes ses cartouches quand la campagne commençait à peine, avec l'entrée en lice du Souverain Combattant. Les ducs de Bordeaux, de Meaux et de Sablé étaient assis au premier rang sur des chaises dures mais simples ; ils encadraient Madame qui s'était déplacée. La comtesse Bruni imaginait que sa présence aiderait le Prince ; pour cela elle avait récemment changé de registre, et la mannequin millionnaire, un peu chanteuse, avait emprunté des goûts populaires auxquels personne ne pouvait croire. Elle avait jeté M. Pasolini pour *Plus belle la vie*, un roman-photo niaiseux mais à succès, qui était chaque soir programmé, et subitement elle aimait le Tour de France : « Je trouve ce spectacle sublime, et les paysages traversés par les coureurs sont magnifiques. » Elle avoua ses nouvelles turpitudes dans *TV Magazine* qui diffusait près de six millions d'exemplaires auprès de gens qui votaient : « *L'amour est dans le pré*, je trouve cette émission absolument fabuleuse. » Madame devait jouer au peuple avec les goûts du peuple, et ce rôle de composition ne lui était pas si aisé.

Dans les études qu'on lisait alors sur les principaux candidats, Nicolas Ier n'avait qu'un crédit au regard de l'opinion, l'image qu'il donnait de nous en dehors des frontières, à cause de ses tours du monde incessants et de la neuve connivence avec la Reichsführer Merkel, maîtresse de la toute-puissante Germanie qui entendait dicter sa loi à l'Europe maladive. Sur un même fenestron, on l'avait vue aux côtés de Notre Sémillant Monarque, et ils se félicitaient l'un l'autre, et ils s'admiraient, et ils étaient complices, et ils se lustraient avec force cirage les escarpins. Sa Majesté avait compris que s'il voulait plus tard régner sur l'Europe, avant de régner sur le monde, la France étant trop étriquée, il devait faire tandem avec cette Teutonne de l'Est, peu gracieuse et renfrognée, ne souriant qu'avec parcimonie. Sa Majesté mettait son pas dans le sien et la flattait, en espérant paraître à égalité malgré la perte de son triple A en économie. Il imitait la Reichsführer, avec sa façon sèche de châtier la dette nationale en fouettant ses sujets afin qu'ils produisissent toujours mieux et plus. Si l'on voulait que la monnaie commune ne s'effondrât point, Sa Majesté proposa d'harmoniser notre politique avec celle des rudes Germains.

Notre Superbe Tacticien, qui voyait court sur le long terme, avait calculé que dans moins de quinze ans ces florissants Germains auraient un absolu besoin de main-d'œuvre étrangère ; la perspective d'emploi était forte pour nos compatriotes, hélas peu nombreux, qui savaient la langue allemande. Les Européens du Sud y voyaient déjà un eldorado. Les médecins manquaient chez la Reichsführer Merkel ; il n'y avait plus beaucoup de cardiologues, d'anesthésistes, de généralistes... Malgré cet avenir reluisant, Paris et Berlin s'associaient pour tirer l'Europe, et si la Reichsführer appuyait le Prince, ce n'était point qu'il fût le meilleur mais le plus obéissant, et elle redoutait la venue sur le Trône de M. de la Corrèze, lequel fricotait avec les partis sociaux de ses régions. Irait-elle afficher cette utile amitié aux fêtes militantes de Sa Majesté ? Cela aiderait-il ? Après le Japon, les Etats-Unis, le Danemark, l'Irlande, c'était désormais la Germanie qui montrait l'exemple. Si elle était prompte à rassurer la finance mondiale, et forte, c'était qu'elle avait su modérer les salaires, autrement dit les faire fondre, et placer la compétition devant les hommes. Cela se nommait *discipline* et marchait au fouet. La rigueur germaine avait permis à la Reichsführer de gagner, mais gagner quoi ? sur qui ? comment ? au détriment de qui ?

Le chômage semblait faible, dans les landers, mais les emplois partiels ou marginaux avaient enflé en dix ans de trois millions et demi d'individus sous-payés, au moment où l'emploi régulier chutait d'autant. Il y avait pléthore de pauvres dans ce pays prospère, où le salaire minimum n'existait pas. Quelques Germains avisés prônaient la sieste sur les lieux de travail, pour réduire les risques d'infarctus et rebrancher son énergie ; la sieste améliorait l'humeur, mais surtout la production. La Reichsführer raillait les Européens du Sud que la Méditerranée et le soleil ramollissaient, ce qui pesait sur le travail, mais des statistiques affirmaient le contraire : les Germains travaillaient moins que les Espagnols, les Portugais et surtout les Grecs qui produisaient autant en une heure. Ceux qui, en Germanie, s'épuisaient dans leur profession augmentaient, ils représentaient dix pour cent des absences, et le nombre de morts au travail augmentait encore plus, comme les accidentés et les malades. Produire ! produire ! cela produisait de la pression. Dans la Germanie de la Guide Merkel, qui avait une dette plus importante que celle de l'Espagne, ce pays de la stabilité si envié, la pauvreté insolente gagnait du terrain et près de sept millions de salariés touchaient moins de dix euros de l'heure. Les salaires à bas coût s'étaient multipliés. Dans le naguère riche bassin de la Ruhr, d'où la sidérurgie avait déserté, un habitant sur cinq était pauvre. Ce paradis paraissait mité pour peu qu'on y regardât vraiment et de près. Il n'était enviable qu'aux banquiers et aux spéculateurs qui asphyxiaient les petits pays, mais à jouer ce jeu, à détruire les principaux clients européens de la Reichsführer, où allait-on ? Si les consommateurs européens ne pouvaient plus consommer, la Germanie ne pourrait vendre qu'aux Chinois.

M. de la Corrèze, lequel avait délivré son programme, était accusé par les impériaux de n'en avoir aucun, alors que Sa Majesté Roublarde, censée jeter en pâture au peuple une fine idée par jour, n'en avait guère dispensé. Fin février la campagne ronronnait. Un par un, les petits candidats de la droite se ralliaient au Prince par épuisement, tandis que Mlle de Montretout s'ingéniait à semer une puissante zizanie. Si elle n'avait pas les voix d'élus nécessaires pour se porter candidate, elle ferait la nuisible, se démènerait, crierait au scandale. A ce moment, François-sans-Terre, le Béarnais, deviendrait le ramasse-crottes des voix contestataires, et, au second tour, il risquait de l'emporter. Le Prince en avait des sueurs. A cet instant critique, Mlle de Montretout nous offrit une bienfaisante diversion, dans laquelle chacun s'engouffra. Lors d'une convention de son Parti extrême, à Lille, pour que les auditeurs oubliassent que M. Le Pen, son père, avait cité des vers de M. Brasillach, bon écrivain et piètre humain qui collabora avec l'occupant germain pendant la dernière guerre, elle eut l'inspiration soudaine qui, pendant deux semaines, occupa les esprits : « L'ensemble de la viande distribuée en Ile-de-France, à l'insu du consommateur, est exclusivement de la viande halal ! » Dénonçant cette tromperie sur la marchandise, elle se présentait comme un rempart face à l'Islam envahisseur, car, nous l'avons dit à maintes reprises, ses adversaires étaient arabes. Les gazettes ne parlèrent que de cela. On sut tout et plus encore de cette invasion de l'Islam par ses pratiques. Pour appuyer ou pour contredire, des spécialistes glosèrent sur le sujet à nous en étourdir. On ne parla plus bientôt que des moyens de transformer les bestiaux en côtelettes religieuses.

Chaque matin au petit déjeuner, en feuilletant nos gazettes, nous revivions *Le Sang des bêtes*, cet atroce documentaire de M. Georges Franju où nous suivions dans un abattoir le chemin de croix d'herbivores fatigués. Pour que la viande fût halal, c'est-à-dire islamo-compatible, il fallait que le bœuf ou le mouton, la tête tournée vers les minarets de La Mecque, tandis que le sacrificateur marmottait des prières, fût égorgé vivant, au couteau, et se vidât de son sang sans avoir été assommé, comme cela se faisait pourtant chez nous il y avait un demi-siècle. Ce rituel avait des risques. Si l'œsophage était tranché, le contenu des intestins pouvait souiller le steack et une bactérie agressive se retrouvait dans le hamburger des enfants. Et le stress du bestiau, devant l'œil malin de son égorgeur, provoquait souvent un afflux de toxines qui abîmait l'aspect et le goût. On apprit à cette occasion que 60 % de cette viande sacrifiée selon le rite se retrouvait dans nos très normales boucheries, puisque les croyants ne consommaient pas les morceaux arrière. Mlle de Montretout reçut le soutien immédiat de Mme Bardot qui protestait depuis des décennies contre la souffrance causée aux animaux, phoques, chèvres, oursons ou veaux, et certaines bêtes égorgées hâtivement pendaient toutes vives à la chaîne d'abattage jusqu'à ce qu'on leur dépiaute la peau de la tête et leur coupe les pattes ; on vit une vache mourir ainsi en onze minutes, c'était long, et la polémique dévia sur les ragoûts halals qu'on retrouvait dans les cantines scolaires, ce qui était faux mais tant pis, l'affaire devait enfler. L'invasion islamique passait par nos estomacs. De là, on s'en prit à ces rats d'étrangers qui risquaient de voter comme nous mais contre nous, de se retrouver à la mairie, d'imposer le halal dans les cantines et dans les boutiques. Ces fantasmes s'arrêtèrent cependant, après qu'on eut appris que M. Lamoitier, de Cambrai, lequel était un vieux membre du Parti de Mlle de Montretout, était le plus gros fournisseur de viande halal du Nord-Pas-de-Calais ; un excellent business. La campagne reprit alors ses méandres et ses habitudes, celles qui dès les Etats généraux, deux siècles plus avant, partageaient la France en droite et en gauche, des notions que les gens trouvaient dépassées mais auxquelles ils adhéraient pour y voir plus clair. Cela devait se terminer par un duel entre Notre Fracassante Majesté et M. de la Corrèze ; la question de ce référendum était simple, qui séparait ceux qui voulaient conserver Nicolas Ier et ceux qui n'en voulaient plus.

Les candidats majeurs se préparaient au match. L'un cherchait le pugilat et l'autre esquivait les coups. L'un buvait de l'eau et engloutissait des yaourts, se musclait avec des appareils et courait une heure par jour autour du parc ; lorsqu'il allait en province il se ménageait des demi-journées pour rentrer se coucher à onze heures du soir. L'autre, à l'inverse, à force de fréquenter les bistros, avait repris quelques kilos et disait que s'il aimait le sport, il n'en faisait jamais. Les bains de foule suffisaient aux deux pour recharger leurs batteries : « A mesure que vous sentez la foule, disait M. de la Corrèze, elle vous donne la force, le stimulant. » Encore fallait-il ne pas se tromper de foule, comme Notre Prince le jeudi 1er mars.

Notre Adorable Majesté patrouilla en coup de vent la campagne basque, qu'on savait turbulente ; elle s'arrêta à un moment de ce parcours fléché dans une ferme du village d'Itxassou, d'où les indépendantistes braillards étaient tenus à distance. Les exploitants se plaignirent de leur sort, ils ne pouvaient guère que survivre :

— Ah ! dit la fermière, nous on est pas aux trente-cinq heures !

— Moi non plus, répondit le Prince.

— On a pas le même salaire.

— Moi, je ne possède pas quarante-cinq hectares.

— On a pas le même compte en banque !

Quoique contrariée, Sa Majesté garda son humeur et remonta dans sa voiture blindée avec un faux sourire très plaqué, avant de disparaître dans le centre de Bayonne, patrie du jambon et des indépendantistes basques. A peine le Prince mit-il un pied au-dehors de sa voiture, pour saluer les badauds quadrillés par des policiers en civil, qu'il entendit des sifflets et des huées : « Dehors ! » ou « Ne lui marchez pas dessus ! » Le Prince, sans se démonter, entra et sortit au pas de charge d'une boutique, rentra dans une autre sous les quolibets avant de s'enfermer au *Café du Palais* avec des Français mieux triés par ses services, une retraitée, un moniteur de tennis, un médecin et un pêcheur. Dehors, rue d'Espagne, il y avait un commencement d'émeute. Par la vitrine, on lisait une pancarte : « Ouf ! c'est la fin ! », et une autre agitée par une petite fille sur les épaules de son père : « Va-t'en, c'est pas ton job ! » Un millier de manifestants criait : « Dégage, Nicolas ! Dégage ! » Un quart d'heure plus tard, toujours sous les huées, un escadron de policiers déboula pour délivrer le candidat malvenu. Ils n'y parvinrent pas. Les autres braillaient : « Ici c'est chez nous ! » et « On veut plus de toi ! » Une banderole pendait sur une façade : « Nicolas Ier, c'est travailler sept jours sur sept jusqu'à soixante-dix-sept ans ! » D'autres policiers arrivèrent au secours, avec des boucliers, des casques, des matraques et des gaz lacrymogènes dont ils arrosèrent la place Pasteur pour dégager les fâcheux. Des gazetiers eurent droit de se glisser à l'intérieur du café assiégé pour noter les phrases décisives de Notre Leader Furieux, qui se lâcha : « Ici, nous sommes sur le territoire de mon royaume, et j'vais où j'veux ! Si ça plaît pas à une minorité de voyous, devront s'y faire ! » Ensuite, chauffé par les insurgés qui lançaient des œufs contre la vitre du café, il laissa courir sa colère en attaquant son concurrent : « M. de la Corrèze a annoncé l'épuration, s'il était élu, de tous les magistrats, de tous les fonctionnaires et de tous les ambassadeurs qui pensaient pas comme lui ! Ça remue les esprits des gens d'la base ! » Après cette pique, le Souverain fut reconduit sous escorte à l'avion qui devait le mener à Bruxelles, où il apprit les derniers sondages : il perdait encore du terrain. Le Parti social eut la consigne de ne point se réjouir de l'incident de Bayonne, qui vit Notre Majesté perdre la face, pour une fois qu'elle se heurtait à de véritables gens, et nia qu'il y eût des provocateurs dans cette foule hostile, même si des portraits de M. de la Corrèze avaient été brandis. Ce n'était point l'avis du Parti impérial ; un obscur député de Belfort réclama la démission du comte Mosco qu'il accusait d'avoir prémédité cette manifestation. Nous entrions dans le temps des outrances.

Prenant exemple sur les baroufs de Sa Majesté, M. de la Corrèze décida de frapper un coup pour réveiller les somnolents et faire hurler les impériaux. Un soir, sur le plateau d'un fenestron, calmement, derrière son pupitre, il annonça par surprise que les plus hauts revenus seraient imposés à 75 % ; il fallait pour cela empocher plus d'un million d'euros par an. Comme prévu, les lieutenants du Prince foncèrent dans la provocation et décrivirent ces talents du football qui ne viendraient plus chez nous jouer sur les pelouses, et ils décrivirent la fuite d'une armée de lingots d'or chez nos voisins. Notre Parcimonieux Souverain, surpris par l'attaque, mal habitué à ce type de manœuvre qu'il croyait lui appartenir, resta prudent afin de ne pas nourrir cette appellation de « souverain des riches » qui était sa marque dès le début du règne, et dont il avait tant de mal à se dépêtrer. M. de la Corrèze fonça allègrement dans ce sens, et démontra que plus on était riche plus le taux d'imposition était faible : « Le candidat sortant, dit-il, a tellement allégé la charge des riches en inventant chaque jour un impôt nouveau pour le reste des Français que la revendication essentielle est désormais celle de la justice. » Et de citer le cas de M. Roosevelt, qui présida les Etats-Unis des années trente. Il poussa le taux d'imposition, pour les revenus de plus de deux cent mille dollars par an, à 91 % en 1941. Sous Johnny Walker Bush, ce taux redescendit à 16 %. On nota que les magnats américains ne s'étaient point pendus sous le pont de Brooklyn ni défenestrés dans les rues de New York.

Le Prince riposta à cette imposition pour l'exemple qui ne rapporterait pas un euro au budget de l'Etat, et il traita M. de la Corrèze de cynique. Il conservait dans la bourrasque sa foi en lui-même ; près de Nîmes, il confia aux gazetiers embarqués à sa suite : « Le mouvement de fond, on le sent venir. Ça se joue au fenestron, aux audiences, dans les salles chaleureuses et bien remplies. » Notre Confiant Leader courait d'une tribune à l'autre à travers le pays, Bordeaux, Marseille, Saint-Quentin, Firminy, et il n'écoutait plus que lui, riait des indécis de son camp que l'on savait ronchons ; ceux-là se répétaient à mi-voix : « Si, à la fin de la semaine, nous n'avons pas rattrapé un peu de notre retard sur M. de la Corrèze, c'est mort. » L'ambiance n'était pas folichonne chez les impériaux, le chahut des étudiants basques de Bayonne, l'annonce des 75 % bien prise par l'opinion, les courbes des sondages qui s'écartaient à nouveau, c'était du poison. Les ministres se sentaient éloignés de la campagne; leur Fier Potentat entendait se débrouiller seul, et même le choix de Mme de Prosciutto-Morizet comme porte-parole insupportait, avec son allure trop chic, ses souliers à talons trop hauts, ses mèches trop peignées, son ton trop aristo pour glaner les voix du peuple. Elle ne sut pas même répondre quand on lui demanda le prix d'un ticket de métro : « Eh bien, quatre euros je crois… » Non, c'était un euro et soixante-dix centimes, mais elle ne fréquentait jamais les transports en commun avec la populace. Elle savait tout juste que le métro roulait sous terre, à côté des égouts. Qu'importait au Prince. Il orchestrait ses thèmes éculés, ceux de Mlle de Montretout qu'il légitimait de fait : toujours ces démons d'étrangers, toujours ces fainéants qui rêvaient, les uns comme les autres, d'une assistance permanente à nos frais.

Notre Friponnesque Seigneur misait sa remontée sur le discours musclé qu'il allait prononcer au parc des expositions de Villepinte, en exact contrepoint au Bourget de M. de la Corrèze. Là, au jour dit, tout fut prêt pour une démonstration de force. Des exaltés agitaient les drapeaux qu'on venait de leur distribuer. Ils sortaient d'une armada d'autocars et de vingt trains spéciaux réquisitionnés par le Parti impérial ; plusieurs dizaines de milliers d'entre eux convergeaient aux abords de la longue tribune où des orateurs secondaires les échauffaient. Le chevalier de Guaino écoutait ronfler ses phrases, au point de confondre le logiciel Photoshop qui truquait les photographies avec la société de panneaux solaires mal en point Photowatt, mais les adeptes écoutaient la musique et point les paroles quand elles étaient soporifiques, en scandant : « Nicolas ! Nicolas ! » Ils durent encore patienter avant la vedette. Le duc de Meaux enflamma les humeurs en bastonnant les malveillants du monde parisien, et M. de Pardieu, l'éléphantesque acteur à transformation, rouge pivoine, s'empara du micro sans y être invité : « Depuis que le nouvel ami qu'est Nicolas Ier est au pouvoir, je n'entends dire que du mal, alors qu'il ne fait que du bien ! » Après une ribambelle de faire-valoir, le maestro vint en pleine lumière tricolore.

Seul sur la scène blanche, devant une salle grande comme cinq terrains de football, il ressemblait à Charlot, ce qu'aucun des fervents ne remarqua tant ils criaient : « On va gagner ! On va gagner ! » Le monologue du Prince en surprit quelques-uns. Quinze jours plus tôt il roulait en tandem avec la Reichsführer Merkel et critiquait M. de la Corrèze qui voulait renégocier des traités européens ; eh bien il demandait la même chose à propos des frontières mal fermées aux étrangers indésirables, et il exigeait en son nom personnel qu'on suspendît cet espace de libre-échange où n'importe qui pouvait s'incruster avec ses marchandises et sa famille. Les autres royaumes européens le suivraient-ils ? Il passait outre : « J'appelle au réveil de l'idéal européen. Si la France agit pas, y s'passera rien ! Aidez-moi ! Aidez-moi ! Nous avons deux mois pour faire triompher la vérité ! Oui, j'ai besoin d'vous ! » Sa Majesté avait même besoin des musulmans mal intégrés ;

porte de Montreuil, deux autobus avaient emmené à Villepinte quelques dizaines de paroissiens, les hommes étaient montés dans le premier car, les femmes, presque toutes voilées, dans le second. Ceux-là purent entendre Notre Impassible Leader leur préciser : « Sur le territoire de mon royaume, les femmes et les hommes ont les mêmes horaires à la piscine, les mêmes médecins à l'hôpital », mais des véhicules différents pour venir l'applaudir.

La grosse machinerie eut un léger effet.

Un sondage, pour la première fois, faisait arriver Notre Glorieux Souverain en tête au premier tour de l'élection du Trône, avec 28,5 % contre 27 % à M. de la Corrèze. Un autre les donnait à égalité parfaite.

Le Prince apprit cette heureuse nouvelle comme il se faisait maquiller pour passer à *Paroles de candidat*, une émission prestigieuse du premier fenestron. Tout ragaillardi, il en oublia sa modestie de façade et insulta méchamment les gazetiers présents, car il était méchant au naturel : « Vous les libellistes, leur dit-il, les Français vous détestent ! Vous êtes les élites qu'ils détestent le plus ! » Transfiguré par les courbes sondagières qui enfin se croisaient et lui donnaient raison, il fut en verve toute la soirée sur le plateau et répondit vertement à la vicomtesse de Ferrari qui le questionnait. Parce qu'elle avait lu la confession du médecin de Mouammar-le-Cruel, qui affirmait que Notre Majesté avait touché beaucoup de dollars du tyran pour sa précédente campagne, en échange de matériel d'espionnage, elle osa y faire allusion. Le Prince eut un air hautain pour lui clouer le bec : « J'suis désolé pour vous que vous soyez la porte-parole du fils de Mouammar et de c'toubib qui m'accusent. Franchement, je vous ai connu dans un meilleur rôle ! » Deux jours plus tard il remettait sa tirade dans les coulisses d'une station de radio : « Vous pensez tous que les jeux sont faits, hein ? Vous allez avoir des surprises. Il y a aujourd'hui un vote caché, honteux. Les gazettes disent tellement de mal de moi que les gens osent pas dire qu'ils votent Nicolas Ier ! » A son entourage, il dit encore avec sa classe habituelle : « Un peu de bourre-pif, ça fait du bien, j'ai les maxillaires qui s'détendent ! »

Chapitre VI

L'ASSASSIN MERAH. – A QUI PROFITENT SES CRIMES ? – INTERRUPTION DE CAMPAGNE. – LE BARON DE LA MÉLUCHE, ÉLEVÉ EN PLEIN AIR. – UN TÉNOR. – LES DEUX FOULES. – ENTRECHATS DU COMTE D'ALLÈGRE. – AU PREMIER TOUR, SA MAJESTÉ EST DISTANCÉE. – LE DUEL. – AVÈNEMENT DE FRANÇOIS IV. – NOBLES ADIEUX DU PRINCE À SES GROGNARDS.

M. de la Corrèze ne s'effraya point du score de son rival. Il allait son train et détaillait son programme. Tout au plus s'autorisait-il à piquer le Souverain dès qu'il trouvait une ouverture, ainsi se mit-il à inaugurer ce qu'il nommait des déambulations. A chaque fois qu'il se déplaçait, il s'accordait une heure de promenade libre pour parler aux gens massés sur son trajet, à Evry ou dans les rues de Laval. Parfois il improvisait des visites où les gazetiers étaient maintenus à distance derrière une corde, comme à Florange, comme au Mans, comme en Mayenne où, dans une boulangerie, il ne put s'empêcher d'avoir un mot pour faire s'esbaudir les clients : « Si vous voulez oublier le Fouquet's, mangez des chouquet's ! » Et il se farcissait les joues de ces pâtisseries au risque de reprendre quelques grammes de bedon. A Bonneuil-sur-Marne, parce qu'un passant lui faisait remarquer l'agressivité de Sa Majesté, M. de la Corrèze eut un sourire d'archevêque romain : « Cela correspond sans doute à son tempérament. Ceux qui s'énervent, ceux qui s'agitent sont souvent ceux qui s'inquiètent. Moi, je ne m'inquiète pas. » On eût dit que le passant se courbait pour baiser sa bague épiscopale.

Or le peuple était fatigué, voire agacé par la politicaillerie qui s'occupait de problèmes mineurs pour éviter de poser les questions majeures ; si la crise financière se calmait elle demeurait vivace comme des braises, et les Européens continuaient à la payer. Les candidats semblaient ignorer les préoccupations des gens, le chômage, la cherté du quotidien, la ceinture bouclée d'un cran supplémentaire, la pauvreté à gueule moche qui guettait chacune et chacun. La participation des rejetés causait du souci ; quels seraient les chiffres de l'abstention ? Sa Majesté, dès son entrée officielle dans cette course de haies, avait promis des fulgurances et on n'en vit point. Son score qui devait grimper s'affaissait, il ne surprenait plus, il piétinait. Et puis vint le jour où les temps de parlote furent égaux entre les concurrents ; une minute de Notre Eternel

Monarque valait désormais une minute du gentil M. Poutou, le seul ouvrier du lot, maladroit mais sincère même si ses propositions n'avaient aucune issue. L'actualité offrit alors l'un de ces événements capables de mobiliser, au moins une longue semaine, et d'interrompre le ronronnement de cette campagne lancinante.

Tout avait commencé à Montauban.

Un jeudi, vers 14 h 10, sur le cours Foucault proche de leur caserne, trois parachutistes en uniforme avaient été abattus à bout portant devant un distributeur de billets. Le tueur en scooter s'était échappé. Qui était-ce ? Pourquoi ? Le dimanche précédent, à Toulouse, un sous-officier en civil avait pris une balle en pleine tête sur le parking d'un gymnase. Dans les deux cas c'était le même calibre 11,43 et le même tueur méthodique, qui agissait en plein jour et repartait sur une Yamaha T-Max, un modèle assez rare dont un exemplaire avait été récemment volé dans la région. Les victimes étaient ciblées, les crimes froidement préparés. On nota que ces militaires français étaient nés soit en Guadeloupe soit au Maghreb, qu'ils appartenaient à des unités qui avaient combattu en Afghanistan. La police fouinait, remontait des pistes, épluchait des images de vidéosurveillance et des fichiers, établissait des profils lorsque le lundi 19 mars au matin, à Toulouse encore, l'individu tira dans la cohue qui entrait au collège juif du quartier de Jolimont. Il y eut trois enfants tués et un adulte, des cris, une bousculade, et le tireur s'enfuit comme à son habitude sur son scooter de grosse cylindrée. On repensa au tueur fou d'Oslo qui avait décimé un groupe de jeunes avec sang-froid, et se réclamait de l'extrême droite hostile aux confessions étrangères qui gâtaient, disait-il, la race blanche. Ou bien était-ce un extrémiste de l'islam ? On avait peu d'indices, mais la Yamaha, cette fois, avait été repeinte en blanc. Les enquêteurs visitèrent les magasins de bricolage et de motos à la recherche d'une faille dans les activités meurtrières si programmées de l'assassin. Cinq mille policiers et trois mille gendarmes se déployèrent dans le Sud-Ouest. Une grêle de questions tomba à propos de ces tueries, lesquelles survenaient un mois avant l'échéance cruciale de l'élection. Des faits divers crapuleux avaient autrefois pollué la politique en poussant le camp des autoritaires. Ce fut en 1988 le drame de la grotte d'Ouvéa où furent massacrés des indépendantistes kanaks, et qui, par contrecoup, profita à la seconde élection du roi Mitterrand contre son rival Chirac avec qui il cohabitait. Ce fut aussi, en 2002, le drame de Nanterre où un forcené tua huit élus du conseil municipal, et, peu avant le scrutin, la mise en scène du retraité agressé dans son pavillon d'Orléans, Papy Voise, qu'on vit tuméfié sur tous les fenestrons pour réclamer des mesures sécuritaires, et dont profita M. Le Pen qui ravit la seconde place de l'élection à un commodore Jospin jugé trop laxiste. A quel candidat allaient profiter les récentes tueries ?

Reprenant sans mollir ses habits de souverain, Notre Compassionnelle Majesté se précipita à Roissy dès le soir du 20 pour s'incliner devant les cercueils des morts de l'école toulousaine qu'on rapatriait dans un cimetière de Jérusalem, et l'après-midi du lendemain, il y eut un hommage à Montauban aux militaires canardés. Six des candidats à la course du Trône étaient présents, et l'on remarqua au premier rang des tribunes les visages défaits et cireux de François-sans-Terre le Béarnais, de M. Dupont-Gnangnan, de Mlle de Montretout, de Mme Joly aux lunettes sobres, surtout de M. de la Corrèze en manteau noir, qui rivalisait de solennel avec un Nicolas Ier qu'il songeait à remplacer, flanqué de l'inévitable duc d'Evry, M. Valls, et de sa dernière compagne dont la seule présence irrita le Prince. En vérité Notre Noble Monarque sortait gagnant du drame, rehaussant sa stature devant les cercueils. Le tueur venait d'être identifié par sa police et il savait manier l'émotion. La notion de sécurité surgissait dans la campagne interrompue par décence, mais le cardinal de Guéant inondait fenestrons et gazettes friandes d'informations choisies.

L'assassin se nommait Mohamed Merah. Il avait vingt-trois ans et les descriptions des rares témoins étaient fausses comme toujours ; il n'était pas trapu et n'avait aucune cicatrice à la joue gauche, mais, selon un avocat, une gueule d'ange. Cet ange coquet, qui aimait les chemises Lacoste et les montres, savait tirer froidement dans le dos et achever une fillette de sept ans ; il regrettait d'avoir été empêché de faire plus de victimes, pour venger les Palestiniens et les talibans. Petit voyou d'un quartier de Toulouse où il était né, il fut maintes fois convoqué devant le juge des enfants, pour des caillassages de bus ou des vols de mobylette. Il découvrit l'islamisme radical en prison, et quand il en sortit, il gifla une jeune fille qui se plaignait parce qu'il avait forcé son petit frère à regarder des vidéos de décapitation d'Al-Qaida. Quand il revint, toujours seul, de Kaboul et de Lahore, menton ras et yeux doux, il ne ressemblait toujours pas à un fanatique ; le carrossier qui l'avait employé le trouvait aimable, les policiers aussi, auxquels il raconta que son voyage au Pakistan était purement touristique, et il leur montra de parfaites photos de vacances. Il était tout de même inscrit au fichier des personnes recherchées. Heureusement, les criminels ne pensent jamais à tout. Il fut dénoncé par un concessionnaire de motos auquel il avait demandé si on pouvait ôter de son engin l'instrument qui permettait de le localiser. Le mercredi

21 mars, des policiers rembourrés de gilets pare-balles, avec casques et boucliers, cernèrent Merah dans l'immeuble où il s'était retranché, au 17, rue Sergent-Vigné, dans un quartier résidentiel qui en sortit dévasté. Il y eut d'emblée des coups de feu, puis des pourparlers s'engagèrent pendant des heures. Tout autour, les rues étaient bouclées. Les habitants reçurent l'ordre de se calfeutrer. Merah provoquait ; il se flattait d'avoir eu droit à des cours particuliers de terrorisme, au Pakistan, car il espérait commettre beaucoup d'attentats sur notre sol. Il faisait nuit noire ; l'électricité avait été coupée, et l'eau, et le gaz. Le silence désormais ne fut troublé que par des jets de grenades assourdissantes dans l'appartement du tueur. Après trente-huit heures d'observation, les unités spéciales donnèrent l'assaut. Merah sortit de sa salle de bains en tirant, puis sauta par la fenêtre de l'étage et reçut une balle dans la tête.

La campagne électorale repartit aussitôt. Le duc de Meaux accusa M. de la Corrèze d'angélisme par rapport aux terroristes, et le Parti social, en retour, réclama une enquête parlementaire sur les opérations policières, rappelant que sous le commodore Jospin il n'y avait jamais eu le moindre attentat. A Aurillac, M. de la Corrèze répliqua derrière son pupitre blanc construit sur mesure : « Ce n'est pas un musulman qui a attaqué. C'est un terroriste. Le terrorisme peut se servir d'une religion, il ne peut pas se confondre avec elle. Que l'on ne vienne pas nous dire que le Parti social aurait là-dessus je ne sais quelle indulgence ou que le Parti impérial aurait je ne sais quelle compétence en matière de sécurité. »

Pour mieux naviguer dans ce nouveau courant, Notre Souverain Pétulant s'agita pour montrer qu'il agissait, et que les actes étaient autrement frappeurs que les paroles. Il fit sonner les clairons. Il demanda aux hommes de M. le Cardinal, dûment encagoulés comme des rats d'hôtel, d'arrêter dans l'instant une nuée d'islamistes fichés, solitaires, qui préparaient un voyage au Pakistan pour y apprendre les armes et les explosifs. A Marseille, dès l'aube, des gazetiers convoqués en masse purent filmer une jolie intervention policière. La même scène eut lieu à Roubaix, à Pau, à Carpentras, à Valence. A chaque fois on vit sortir dans la rue des barbus couverts d'un blouson qui étaient fourrés dans des automobiles. Deux jours plus tard ils étaient tous relâchés. L'essentiel était les coups de filet. Il fallait gonfler les muscles. Son Eminence en profita pour expulser trois imams et deux salafistes dangereux dans leurs discours. On évoqua aussi le possible enlèvement d'un magistrat lyonnais.

Des avocats et des juges dénoncèrent ces gesticulations où le spectacle primait. L'affaire Merah fut alors décortiquée par les soupçonneux ; des maladresses apparurent. Ne pouvait-on le capturer vivant ? En lui lançant des gaz asphyxiants, par exemple ? Les Renseignements impériaux le surveillaient depuis sept ans, lui et sa famille, après des déplacements en Syrie et en Irak ; pourquoi les écoutes avaient-elles cessé en novembre dernier ? Pensait-on le transformer en indicateur ? En 2010, le tueur était sur la liste noire des personnes interdites aux Etats-Unis, et un ancien des Services américains nota la défaillance de ses collègues français. Comment Merah s'était-il procuré l'arsenal qu'on découvrit chez lui ? Notre Prince Magnanime balaya ces indignes polémiques et orchestra sa lutte contre le terrorisme, en inventant de nouvelles lois qui ne seraient jamais votées ; il eut ainsi l'idée de repérer les malins qui consultaient trop souvent sur leurs écrans électroniques les sites *barbus*, *turban*, *bombes* et *Kaboul* : on leur mettrait la main au collet ! Comme un poisson rouge dans son bocal, le Prince ne songeait qu'au présent et s'en glorifiait :

— Le mouvement de fond, on l'sent monter.

— A cause de la tuerie de Toulouse, qui vous profite, Epoustouflant Potentat ?

— Dire que Toulouse profite, c'est choquant !

— A cause du baron de La Méluche, qui grimpe ?

— Sa campagne, elle est dynamique et M. de la Corrèze, j'vais l'entuber parce qu'il est nul !

La vie renaissait à Toulouse ; les fêtes annulées un temps eurent lieu ; il y eut un défilé de chars fleuris et un bal masqué au bord de la Garonne.

Que pensait le baron de La Méluche des flatteries suspectes de Sa Majesté ? « Quand un mec de droite vous brosse le dos, ce n'est pas pour vous rendre service. La révolution citoyenne, il s'en tamponne. Il espère foutre la pagaille à gauche. » Malgré cela, le baron était radieux. « Je triomphe ! » disait-il. Tout à gauche où il était posté à l'affût, fort des reliefs de l'ancien Parti bolchévique qui l'avait choisi pour tribun, La Méluche voyait monter le nombre de ses partisans jusqu'à le porter en troisième position, juste derrière M. de la Corrèze et le Prince, devant Mlle de Montretout son ennemie et ce pauvre François-sans-Terre qui dégringolait encore. Jusqu'où irait le baron ? Jusqu'en haut et jusqu'au bout, il le jurait. Un dimanche de mars, disant adieu aux salles confortables et hors de prix, il convoqua le peuple dans les rues bourdonnantes et gratuites. Ce fut sur la symbolique place de la Bastille, où il harangua trente mille fidèles et leva leur enthousiasme. Les gens étaient arrivés en gros cortège depuis la Nation, ils avaient marché sur deux kilomètres et venaient s'embouteiller au pied de la colonne de Juillet. Ils portaient des ballons rouges et des bonnets phrygiens ; un homme en chapeau noir joua *L'Internationale* à la flûte, d'autres distribuaient des brins de mimosa, d'autres dressaient une pancarte : « Méluche, enfant des Lumières, le peuple est avec toi ! » Le baron avait préparé son discours dans un café, sous l'affiche illustrée d'une marque d'apéritif de 1954. Il devait parler vingt minutes avec un discours médité dix jours. Il avait un œillet rouge piqué au veston de son costume noir, et une soudaine émotion devant la foule hurlante : « Génie de la Bastille qui culmine sur cette place, dit-il de sa grosse voix qui portait loin, nous voici de retour, le peuple des révolutions et des rébellions en France ! » Il cita avec nostalgie Robespierre et la Commune de Paris pour que vienne le temps des cerises et des jours heureux.

C'était un rude bonhomme que le baron de La Méluche. Il était né à Tanger sous le ciel bleu et le protectorat français mais venait de plus loin, d'un grand-père artiste de cirque qui lui donna le goût inné de la piste, d'une arrière-grand-mère andalouse de la région de Murcie qui lui expliqua que la méluche, dans son dialecte d'Espagne du Sud, était une ronde autour du feu. Le jeune baron adorait les films de pirates et les westerns avec Burt Lancaster, mais il n'obtint jamais le revolver dont il avait tant envie, parce que sa mère détestait les armes, qu'il remplaca aussitôt par les mots qu'il mania fort bien et fort tôt. Rapatrié à onze ans, quand il s'installa à Yvetot il découvrit les pommes et l'herbe verte mais le soleil lui manqua toujours, alors il regarda la Lune et s'imagina cosmonaute ; ce penchant pour l'aéronautique le rapprocha de l'archiduc Dassault. Il avait la mèche noire et rebelle ; quand il lut l'*Antigone* de Sophocle il retint pour la vie qu'il fallait dire non. Plus âgé il milita et se fit remarquer pour ses talents de meneur, tout en écrivant dans *La Dépêche du Jura* des articles aussi remarqués que celui qu'il consacra à la mode des lapins nains en appartement. Malgré ses allures frondeuses, M. de La Méluche était un angoissé permanent, et citer M. Victor Hugo ne l'en guérissait pas. Dans les bistroquets, il s'asseyait dos au mur et en face de la porte en souvenir de M. Jaurès, qui tomba dans une gargotte de la rue du Croissant sous les balles d'un vilain alors qu'il était attablé. Ce baron trublion était méfiant, il avait toujours l'impression qu'on le méprisait, surtout ces bourgeois insolents et diplômés comme M. de la Corrèze. Pendant des années ils le considérèrent comme une chiffe, évitaient toute discussion politique avec lui, même des regards croisés. Il n'oubliait rien des affronts. Il n'oubliait pas comment il s'était fait rouler au congrès de Brest par les pontes du Parti social. C'était en 1997. Le vote pour élire le Premier secrétaire avait été négocié par M. de la Corrèze lui-même, lequel avait promis 15 % à M. de La Méluche, et 85 % pour lui qui serait forcément choisi. Le résultat fut cuisant. M. de la Corrèze obtint plus de 91 % ; M. de La Méluche en sortit humilié et enragé contre ces mauvais camarades. Il fonda peu après un groupe autonome avec les anciens bolchéviques pour porter une parole très à gauche. Aujourd'hui il tenait sa revanche. Le peuple le plébiscitait. Il s'imaginait au deuxième tour de l'élection, disputant le Trône à M. de la Corrèze, une fois Notre Majesté effacée par les urnes. Il réitéra ses imposants discours en plein air qui l'enchantaient. A Toulouse, ils furent soixante-dix mille sur une place du Capitole qui, pourtant, ne pouvait contenir plus de vingt mille individus debout façon sardines, mais il y eut une mer houleuse de drapeaux, des cravates rouges, des pulls rouges, des collants rouges, un *Résistance* écrit au feutre rouge sur des fronts. L'exploit se reproduisit à Marseille, sur la plage du Prado entre mer et gazon, où l'on annonça cent vingt mille sympathisants et où le baron chanta les deux rives de la Méditerranée. Le même après-midi, à Paris, le Parti impérial et le Parti social se retrouvaient pareillement en plein air afin que leurs foules différentes rivalisassent en nombre et en qualité.

Les quarante mille candidats du marathon de Paris coururent ce dimanche matin entre la place de la Concorde et le fort de Vincennes sous des nuages de pluie bien joufflus, mais tout fut rangé, plié, dégagé, nettoyé avec diligence avant les rassemblements des candidats au marathon du Trône. L'un était justement à la Concorde et l'autre sur l'esplanade de Vincennes. Il y avait d'un côté le jardin à la française et de l'autre le jardin à l'anglaise, d'un côté des boîtes carrées et fermées où se presseraient les invités, de l'autre la joyeuse pagaille d'un pique-nique en imperméables ; d'un côté le Prince, de l'autre M. de la Corrèze. Dans le salon Marie-Antoinette de l'hôtel *Crillon*, qui s'ouvrait sur l'obélisque et les préparatifs de la fête impériale, les généreux donateurs de Notre Dispendieuse Majesté trinquaient en se rappelant le *Fouquet's* et les chanteurs qui entouraient le Prince sur cette même place, Mlle Mathieu, M. Faudel, M. Macias. Deux étages au-dessus, par un hasard magique, le duc et la duchesse de Levallois sortaient sur leur terrasse de cent mètres carrés ; les Balkany, ainsi se nommaient-ils en vrai, avaient retenu la suite la plus chère du palace pour y célébrer leur trente-sixième anniversaire de mariage et n'avoir qu'à prendre l'ascenseur pour rejoindre les festivités tricolores de leur Monarque Choyé ; à leur genre m'as-tu-vu ils ajoutaient leur âpreté au gain et le sobriquet de Thénardier, tant ils ressemblaient par bien des traits au couple maudit des *Misérables*. En bas, sur le pavé, derrière les barrières qui la parquait, la majorité silencieuse était venue parce qu'elle avait peur que le Parti social ne l'emportât. Ils conjuraient ensemble cette malédiction, et, sur une toile de fond qui représentait les quais de la Seine, peints en trompe-l'œil, Nicolas Ier leur dit : « Vous êtes les porte-parole de ceux qui ne demandent jamais la parole ! » Après les avoir caressés, après avoir redit aux harkis les promesses de ses débuts pour qu'on les reconnût, après avoir projeté un statut de la Corse, tant il fallait ratisser large pour amener l'électeur à soi, Sa Majesté ajouta à son programme flou des mesures qu'il critiquait vivement il y avait quelques jours encore chez M. de la Corrèze, comme l'encadrement des loyers et la relance européenne qui, disait-il, nous conduirait à l'état de la Grèce. Il se revendiquait de Napoléon et de De Gaulle afin que les drapeaux s'agitassent dans la foule. Il y avait cependant moins d'affluence que prévu parce que ses partisans ne débordaient point jusqu'aux Champs-Elysées. Quand le Prince descendit serrer les mains tendues aux premiers rangs, on le vit soudainement retirer de son poignet sa montre Patek Philippe en or blanc, à cinquante-cinq mille euros, avant de toucher les doigts trop agiles de deux jeunes, noirs donc suspects ainsi que le lui avait enseigné le cardinal de Guéant.

A l'autre extrémité de la ligne du métropolitain, le vent du nord soufflait en bourrasques sur l'esplanade du fort de Vincennes, à la lisière du bois, là même où le roi Saint Louis tenait conseil sous un chêne. Les supporteurs du Parti social avaient emmené leurs victuailles, qu'ils grignotaient debout les pieds dans le sable mouillé, en écoutant une banda brésilienne et une fanfare. M. de la Corrèze arriva enfin, les cheveux gominés pour que ses mèches ne volassent point sous les rafales ; il appuya ses coudes au pupitre, joignit les mains et dit : « J'entends la clameur, je mesure la ferveur, et j'imagine le bonheur qui pourrait être le nôtre si nous parvenions à la victoire... » Il parla dans le vent près d'une heure, la voix cassée, demanda à ses troupes de n'avoir pas l'air euphorique afin de ne point lui porter la poisse, annonça que la majorité qu'il avait sous les yeux n'était pas silencieuse mais audacieuse, railla au passage Notre Atroce Prince qui dévidait ses promesses, toujours les mêmes depuis cinq ans, et qu'on ne vit jamais fleurir, cita la Grande Révolution, MM. Blum, Aubrac qui venait de mourir et Mendès France. Quelques rayons de soleil lui chauffant le crâne quand on redoutait la pluie, il fit cette prédiction : « Ça se réchauffe ! Même en haut, ils nous écoutent. » Puis il se perdit dans cette masse ravie, grimpa sur des barrières, plongea, se laissa tirer par la manche et embrasser tandis que des gorilles à oreillettes le tenaient par le dos de sa veste. Les autres candidats n'existaient plus ; certains n'avaient même jamais existé, comme Mme Joly qui ne se fit remarquer que par une chute dans un escalier. Ils n'étaient plus que deux, M. de la Corrèze et Nicolas Ier, à égalité mais loin devant. L'un disait : « Ne craignez rien ! » et l'autre : « Aidez-moi ! » L'un disait : « Voici nos nouvelles frontières ! » et l'autre : « Voici le nouveau modèle ! » L'un condamnait les votes sans lendemain et l'autre les solutions extrêmes. Ils se répondaient en même temps aux deux bouts de Paris.

Si un homme ne croyait plus aux sondeurs de l'opinion et à leurs chiffres fluctuants qui mesuraient les performances des champions, c'était le comte d'Allègre. Truffé de certitudes, professoral et matois, il allait répétant que Notre Prince était Zorro et qu'il sortirait vainqueur de la joute. Il devait réciter son couplet sur la scène de la Concorde, mais non, il écouta l'intervention du Prince dans les coulisses en compagnie du mamamouchi Balladur, privé de parole parce que peu présentable. En effet, cet ancien ministre du Parti social figurait désormais en traître à la solde de Sa Majesté, voilà qui aurait pu ternir si noble cérémonial. Sa Majesté n'aimait rien tant que ces dignités émanant de la sienne, et leurs personnes remplies de ses bienfaits ; il était despotiquement le maître de leurs dignités, de les abaisser, de les élever, d'en faire comme d'une chose sienne et absolument dans sa main. Notre

Erudit Leader savait : quiconque a mis le pied dans les cercles du pouvoir, et en fut chassé, en redemande quand l'occasion se présente, et peu importe le souverain car importe alors de quoi satisfaire la suffisance, l'orgueil, la revanche même parfois, or l'envie du comte d'Allègre était grande de découdre les propositions de M. de la Corrèze, lequel l'insupportait depuis belle lurette. Naguère dans le gouvernement de l'actuel prince de Ré, M. de Jospin son ami et proche, il avait dû, pour incurie et manque de diplomatie, laisser son fauteuil de ministre de l'Enseignement après la fronde contre lui des enseignants et des cent mille manifestants que ses projets avaient jetés dans la rue. En 2007, pendant la Dispute du Trône, il s'attaqua sans fard à l'archiduchesse des Charentes qui se présentait ; replet, joufflu, l'œil petit et plissé, content de lui-même comme un gros chat repu, le comte l'appelait Mme Michu, il l'étrillait pour son inconstance et son incompétence dont il avait souffert lorsqu'elle le secondait. M. de Jospin le pria donc de rendre sa carte du Parti social, ce qu'il fit volontiers ; à ce moment, des fenestrons le filmèrent comme il sortait par une porte arrière du siège de campagne de Nicolas Ier auquel il était venu présenter sa soumission. Il ne gagna point de poste mais la considération du Monarque Auréolé de Grâces, qui s'acharna à l'employer mais en vain, parce qu'il courrouçait trop de monde par sa seule présence et son mode d'appréhension des choses, péremptoire et tonitruant. Les scientifiques dont il était le rejetaient en bloc soudé, tant il leur faisait la leçon sur l'innocuité de l'amiante ou les facéties du réchauffement climatique auquel il ne croyait pas. Toujours, il voulait avoir raison contre la terre entière et la terre entière lui tournait le dos. Amateur d'excès, il avait son mot sur tous les sujets, savait tout, se prononçait sur tout, se moquait des Tibétains, ces théocrates qui réduisaient leurs paysans en servage, et trouvait bien du charme aux empereurs de Chine qui les mataient, eux et leurs idoles ; en cela il s'approchait d'un autre amateur d'excès, le baron de La Méluche, défenseur des Chinois et de ces dictateurs qui ouvraient des écoles en même temps que des prisons, MM. Chavez, Castro, ou Saint-Just le précurseur des Khmers rouges qui entendait déjà déplacer les villes à la campagne. Aujourd'hui, par détestation de son ancien parti et de ses dirigeants, le comte d'Allègre se précipitait dans les bras de Nicolas Ier : « Je suis extrêmement impressionné par le dynamisme du Prince, dit-il. Oui, c'est le seul leader européen d'envergure. » M. d'Allègre ajoutait qu'il était certain de la victoire de Sa Majesté, qu'au premier tour de l'élection il passerait devant ce mollasson de M. de la Corrèze. Il le répétait sur tous les fenestrons, sur toutes les ondes, dans toutes les gazettes. C'était l'oracle. Le Prince Enchanté en était bercé, mais il ignorait la vacuité d'un tel soutien. Dès que le comte d'Allègre penchait d'un côté, c'était l'autre côté qui l'emportait, tant il s'était toujours trompé. Le 21 avril, M. de la Corrèze l'emporta devant le Prince avec 28,6 % des voix.

Le Prince ne faiblit pas. L'adversité le dopait. Il passa aussitôt à l'attaque en montant un piège grossier, mais la finesse n'était pas de mise. Déclarant la guerre à M. de la Corrèze, il lui proposa sournoisement trois duels devant les fenestrons, en sachant que cette profusion lui serait refusée, au prétexte qu'on ne changeait pas les règles en cours de partie, alors il demanda à ses séides de traiter son concurrent de lâche et de répandre sa nouvelle dérobade dans le pays. Sa Majesté pensait que tout était encore jouable. « J'ai qu'un point et demi de retard », disait-il. Les gazettes étrangères étaient moins optimistes et s'alarmaient : sur le portrait grimaçant de Nicolas Ier, *Times* titrait : « Le Prince confronté à la défaite ». Le *Guardian* pensait que Notre Guide Merveilleux avait besoin d'un miracle pour conserver son trône. *Le Soir* de Bruxelles estimait que M. de la Corrèze avait déjà un pied au Château, et le *Corriere de la Serra* annonçait une défaite cuisante, quand *La Repubblica* parlait d'une gifle. Le *Wall Street Journal* évoquait la survie politique de Notre

Leader en l'enterrant par avance. Tous s'effrayaient des 18 % de Mlle de Montretout, à cause du Prince qui partageait avec elle ses thèmes xénophobes et frileux en leur faisant de la réclame dans l'opinion ; La *Frankfurter Rundschau* jugeait que ce vote de protestation avait atteint des proportions terrifiantes et la *Berliner Zeitung* trouvait que cette poussée était une honte. Le *Financial Times* insistait sur ce score stupéfiant. Poussé par l'abbé Buisson, devenu son conseiller principal, Sa Majesté garda son cap très à droite ; quitte à défriser centristes et modérés qui le soutenaient, Notre Prince frappait d'abord sur les immigrés et remontait la sécurité en première ligne, ceci afin d'amadouer les électeurs de Mlle de Montretout, plus jeunes et modestes, qu'il espérait ajouter aux siens, vieux et favorisés. A Saint-Cyr-sur-Loire, Notre Gracieux Leader buveur d'eau sirota du vouvray dans une cave et posa dans les vignes : « Moi, j'parle au peuple de France. Vous avez voté comme pour crier vot'souffrance, nous vous avons entendus ! » Rentré au Château il réunit les haut gradés de son parti pour leur apprendre sa dernière grande idée :

— On va organiser la fête du *vrai* travail.

— Excellent, Sire !

— C'est ceux qui veulent que, quand on travaille pas, on peut pas gagner plus que quand on travaille.

— Lumineux, Votre Incandescente Majesté !

— On f'ra ça le 1er mai, faut pas laisser la fête du travail aux syndicats, hein ?

— Ah ah ah ! Votre Farcesque Seigneurie !

De son côté, M. de la Corrèze était à Laon sous la pluie. A peine était-il sorti de son train qu'il brocarda les déplacements de son rival : « Vous voyez, je n'ai pas besoin d'un train spécial blindé ni de cortège pour aller chez les Français. » Devant des sous-traitants de l'automobile, il poursuivit : « Celui qui voudrait être le candidat du vrai travail a été le candidat du vrai chômage pendant cinq ans ! » Ainsi chacun menait sa campagne à son rythme et cela devenait une routine. Il y eut heureusement un incident afin que le peuple pût se distraire, quand un baron du Parti social, en semi-disgrâce, le chevalier Dray, choisit de fêter ses cinquante-sept ans rue Saint-Denis, une artère passante connue depuis Saint Louis pour ses prostituées aguicheuses et felliniennes, aujourd'hui nettoyée par la spéculation immobilière mieux que par la brigade des mœurs. Ces festivités privées eurent lieu un samedi soir dans un ancien sex-shop reconverti en restaurant à l'enseigne *J'Ose* et à la vitrine turquoise. Il y avait un bar au rez-de-chaussée à la place des poupées gonflables, une discothèque au sous-sol et un restaurant à moitié thaïlandais à l'étage où, en souvenir du passé, le patron avait, au début, proposé des menus coquins où les hors-d'œuvre étaient nommés *préliminaires* et les desserts *orgasme*. Parmi la centaine d'invités on vit un réprouvé s'installer au premier étage, M. de Washington en personne, ravi qu'on ne lui crachât point dessus, mais toujours en démêlés avec la justice ; des notables du Parti social et du show-biz vinrent le saluer. Il semblait ravi. D'autres l'étaient moins, telle l'archiduchesse des Charentes qui refusa de le croiser et le lendemain expliqua qu'elle avait failli tomber dans un piège, même si, selon le chevalier Dray, elle lui dit que c'était une belle soirée et qu'il faudrait qu'ils déjeunent chez elle un dimanche avec les enfants. Il y eut effectivement des indiscrétions. La présence de M. de Washington fut révélée. On savait qu'il sortit du club avant minuit, signa des autographes et accepta qu'on le prît en photographie avec d'autres invités moins célèbres, sur le trottoir. Lorsqu'il apprit ce qu'il considéra comme une nouvelle gaffe du chevalier Dray, autrefois son proche, M. de la Corrèze était heureusement au Stade de France pour se montrer dans la tribune ; il se fâcha tout rouge mais en privé : quoi ? Un homme mis en quarantaine et chassé de la vie politique plastronnait avec des pontes de son parti, une semaine avant l'élection du Trône ! Les uns s'indignèrent, les autres se retenaient de rire. Mme de Prosciutto-Morizet, laquelle portait la parole de Sa Majesté d'une voix haut perchée, riposta en ces termes : « Il cautionne ou il dénonce, le candidat du Parti social ? » Le Prince lui-même s'amusa de la bourde et trouva que M. de Washington, rue Saint-Denis, après avoir été mis en examen pour proxénétisme, cela avait du piquant. L'imprudent chevalier Dray se défendit mal : « Je n'avais pas fait attention au calendrier, dit-il d'un ton innocent. Moi, quand je donne une fête, j'adore qu'il y ait du monde, alors je lance un maximum d'invitations... J'avais convié la femme de M. de Washington, avec qui je travaille en ce moment, et elle est venue avec son mari... Je n'imaginais pas que ça aurait de telles conséquences... » Le chevalier Dray se retrouva au pilori et se mit une fois de plus à déprimer.

La campagne reprit, mais s'était-elle interrompue ? On entendit en ritournelle les mêmes arguments venant des mêmes orateurs, les mêmes banderoles et les mêmes drapeaux, les mêmes harangues à satiété. La journée du 1er mai fut le point culminant de ces bavardages. Elle débuta par le traditionnel défilé des éclopés de Mlle de Montretout qui leur promettait la lune en plein jour, et ils avaient des médailles, des permanentes ou des bérets, de méchantes injures aux lèvres ; ils ne remplissaient pas en entier la place de l'Opéra. S'ensuivit le rituel des syndicats que le Prince provoquait et qui lui rendirent en imprécations contre lui, entre la Nation et la Bastille, avec trois cents cortèges dans les provinces, plus nombreux que les autres années derrière des pancartes sans équivoque : « Légitime défense ! virons Nicolas Ier ! » Devant leur camion, boulevard du Montparnasse, les élus du Parti social applaudirent. Le baron de La Méluche aussi. Même si son nom revenait sans cesse, M. de la Corrèze était absent ; il se recueillait devant la tombe du duc de Nevers, l'ancien ouvrier Bérégovoy aux chaussettes grises mal ajustées, lequel fut le Premier du roi Mitterrand et se tua au bord d'un canal, un 1er mai 1993, puisqu'il s'imaginait responsable de la défaite des siens aux élections, lui qui avait su rétablir les comptes publics et prouvé que la gauche savait gérer la finance. Le candidat sortant, Notre Chaleureuse Majesté, avait convoqué ses partisans au Trocadéro. La foule était compacte et débordait sur les avenues qui y menaient, les couloirs du métro étaient bondés ; des drapeaux tricolores s'agitaient comme une marée jusqu'aux balcons des immeubles chics. D'entrée, le Prince plaça une phrase de Charles Ier de Gaulle : « La masse immense que voilà prouve aux insulteurs que rien n'est perdu en France ! » Quand il redescendit de sa tribune après s'être démené, avec la tour Eiffel pour décor derrière l'esplanade, il avait sa chemise trempée comme une serpillière.

Et le tournoi si attendu arriva.

Ce fut dans un hangar de la Plaine-Saint-Denis, au studio 107 où l'on enregistrait *Questions pour un champion* et d'autres jeux. Le combat avait été préparé avec minutie par des experts des deux bords. Sous les candidats, assis de part et d'autre d'une large table, des grilles d'aération devaient leur souffler de l'air climatisé dans le pantalon ; le Prince resterait au sec et son contradicteur n'aurait point un aspect luisant. Le Prince ne serait pas filmé de profil par les douze caméras actives, à cause de son nez de Cyrano, ni M. de la Corrèze d'en haut afin qu'on ne vît pas sa calvitie galopante. Enfin, on ne montrerait jamais écouter un candidat tandis que l'autre s'exprimait, afin d'éviter les mimiques et les grimaces désobligeantes. Un huissier tira au sort. M. de la Corrèze avait l'honneur de démarrer le débat et le Prince de le conclure. Le duel, mesuré, partit en foulées techniques et longues ; il y eut une floraison de chiffres et de statistiques contradictoires ; l'un attaqua sur le bilan et l'autre sur le programme. Le Prince traita souvent son ennemi de menteur, ce qui donna lieu à des passes d'armes du plus joli effet :

— Vous êtes toujours content de vous ! dit M. de la Corrèze. Les Français le sont moins.

— C'est une menterie ! se défendit le Prince.

— Donc, vous êtes mécontent de vous, j'ai dû me tromper.

— On est pas dans un concours de p'tites blagues !

— Vous n'avez pas fait de cadeaux aux riches ?

— C'est une calomnie !

— Vous ajoutez maintenant la calomnie au mensonge. Vous n'êtes pas capable de tenir un raisonnement sans être désagréable. Et vous vous présentez en rassembleur ?

Dans ces débats essentiels pour mesurer les capacités, les citoyens ne retiennent en général qu'une réplique cinglante ou un moment qui sort de l'ordinaire. A cet exercice, M. de la Corrèze l'emporta. Comme la gazetière de service lui demandait ce qu'il ferait s'il était monarque, il se lança dans une tirade pour noircir le Prince et ses manques, indiquant qu'il agirait au contraire de lui : « Moi, Souverain de ce Royaume, je ne serai pas le chef de la majorité, je ne recevrai pas les parlementaires de la majorité au Château. Moi, Souverain de ce Royaume, je ne participerai pas à des collectes de fonds pour mon propre parti dans un hôtel parisien... » Cela dura trois minutes et Sa Majesté n'interrompit point le monologue, ce qu'il expliqua plus tard à ses supporteurs : « J'ai rien dit exprès. Il était ridicule ; pendant qu'il parlait, je comptais combien de fois il se répétait. Son attitude sera sanctionnée. » Disait-il cela pour se rassurer ? Autour de lui, les siens le félicitaient, ils le disaient solide et sincère, ni autoritaire, ni arrogant. Cependant la tirade de M. de la Corrèze marqua les esprits.

Avant le vote décisif, la dernière nuit des finalistes fut remuée, courte, peuplée d'hypothèses. Que décideraient les indécis en nombre quand ils seraient devant l'urne ? Des bruits couraient. Notre Furieux Leader pouvait l'emporter d'un dixième de point et certains, sachant sa malice, le redoutaient en croisant les doigts pour conjurer ce mauvais sort. L'incertitude flottait. Il fallut attendre huit heures du soir pour connaître les résultats officiels, mais deux heures avant, sur les fenestrons, on devina aux mines des présentateurs qui meublaient le temps. Dès cinq heures et demie on vit des drapeaux en berne au siège du Parti impérial et, à celui du Parti social, un mouvement désordonné de liesse ; à sept heures du soir des grappes humaines et joyeuses escaladaient la colonne de la Bastille ; la place de la Concorde, où le Prince avait prévu de fêter sa victoire, était vide : « On peut encore dresser des échafaudages », commenta le commentateur qui n'avait pas le droit d'en dire plus. L'heure fatale sonna et les chiffres tombèrent. Nicolas Ier perdait son trône en faveur de M. de la Corrèze, sacré avec 51,67 % des voix. Notre Prince Défait téléphona au vainqueur selon l'usage pour le féliciter en précisant les difficultés de la charge, avant de filer en voiture pour être pris à partie par des opposants qui lui brandirent sous les vitres une pancarte : « Casse-toi, riche con ! »

A Tulle, où le gagnant avait voté, son visage apparut sur un écran géant et la clameur monta place de la Cathédrale, où il surgit enfin. Deux accordéons et une clarinette jouèrent *La Vie en rose* de Mme Edith Piaf ; la favorite du nouveau souverain le rejoignit sur le podium avec un bouquet de roses rouges en esquissant un pas de danse auquel il ne céda point, mais elle risqua un baiser furtif. « Merci la Corrèze, dit le tout neuf François IV au micro, merci. Je reviendrai. Merci à tous. Que la ville est belle, ce soir ! » Il n'arrivait pas à partir et redit encore un mot : « Qui aurait imaginé qu'un jour... Oui, je l'avais imaginé ! » Il se précipita dans la foule avant de monter dans sa Renault beige, escortée de motards qui prenaient des images, jusqu'au Falcon posé à l'aéroport de Brive, lequel devait l'emmener à Paris avec un sandwich et du raisin préparés au *Central*, Nadia sa maquilleuse et Olivier son coiffeur qui plaisanta : « C'est historique, mais il n'y a pas de différence entre la coiffure du monarque et celle du candidat : Je ne vais pas le faire en blond ! »

Sur la place du Capitole, à Toulouse, des jeunes escaladèrent la mairie et firent sonner la cloche ; des armées de citoyens se massaient sur la Grand-Place de Lille, celle de la Comédie à Montpellier, celle de la Victoire à Bordeaux et on buvait du champagne dans des flûtes en plastique. A Paris, la Bastille était prise d'assaut : klaxons, chants, bras levés, fumigènes, cris de joie et drapeaux agités, verts, rouges, tricolores, marocains, algériens, les gens grimpaient aux lampadaires, sur les Abribus, aux grilles de la Banque de France. François IV arriva dans la nuit, il parla, se dit heureux et soucieux ; les mieux convaincus dansèrent jusqu'à l'aube.

Dans son bureau du Château, répétant son allocution finale devant des impériaux choisis, Notre Fessée Majesté s'était confiée : « Ma place ne pourra plus être la même. Je ne serai plus jamais candidat aux mêmes fonctions... » Puis le Prince avait pris sa limousine pour se rendre à la Mutualité, la scène où M. Léo Ferré chanta jadis *Les Anarchistes* devant un public jeune et survolté. Il passa sous son portrait géant frappé du slogan « La France forte » et s'empara une dernière fois du micro sous les ovations des siens, aux yeux mouillés et à l'air égaré : « Je porte toute la responsabilité de cette défaite, dit-il. La France a un nouveau souverain, c'est un choix démocratique. François IV doit être respecté. Je ne serai jamais comme ceux qui nous ont combattus, nous aimons notre pays...

— Merci ! cria-t-on.

— C'est pas fini !

— A 2017 pour le Trône à nouveau !

— On t'aime !

— Ce soir, reprit le Prince, donnons la meilleure image de la France, d'une France qui n'a pas de haine au cœur... »

Il y eut encore des larmes et des cris de douleur ou de stupeur, la crainte permanente de ce François IV qu'on dénigrait : « Vous l'imaginez à côté d'Obama, le petit ventru ? » Sans doute. M. Obama avait déjà invité le nouveau souverain à la Maison Blanche pour le rencontrer en tête à tête, suivi par la Reichsführer Merkel qui le conviait à Berlin, de Lord Cameron qui se disait impatient de travailler avec lui et de don Mario Monti, à Rome, qui voulait collaborer sans tarder avec le successeur de Nicolas Ier.

Chapitre VII

UNE TRANSITION PRESQUE DOUCE. – LE COURONNEMENT SOUS LA PLUIE. – FRANÇOIS IV TREMPÉ COMME UNE SOUPE. – LES IMPÉRIAUX RÊVENT. – DANS LA HOULE DES LÉGISLATIVES. – UN COUAC DE LA MARQUISE DE POMPATWEET. – LA GUERRE DES CONCUBINES SOUS FRANÇOIS IV. – NOTRE EX-MAJESTÉ BOUGE ENCORE. – SON CLUB. – NAISSANCE DE LA RELIGION NICOLISTE.

Le lundi qui suivit la chute de Nicolas Ier, l'ambiance des rues avait subitement changé. On ne sentait plus cette électricité négative qui entretenait en permanence la nervosité, mais une étrange sensation de paix que nous avions oubliée pendant cinq ans. Notre Prince-sans-Trône réunit au Château ses prétoriens émus, dans le salon des Ambassadeurs, pour leur faire savoir ses désirs : « La famille trouvera un nouveau chef. Ne vous divisez pas. Les petits chefs et les petites équipes, ça tire tout le monde vers le bas. » Cependant le duc de Meaux et le duc de Sablé, soit MM. Copé et

Fillon, redevenus simples soldats, se regardaient en coin car ils rivalisaient déjà pour s'emparer du Parti impérial et, au-delà, gagner le Trône en 2017. Leur lutte sourde durait depuis de longues semaines parce qu'ils avaient prévu la défaite ; ils calculaient chacun la meilleure tactique pour torpiller l'autre. Ils avaient eu très peur, la veille au soir, lorsque Sa Majesté, corrigeant son ultime discours sous le regard de l'abbé Buisson, en biffa les mots définitifs, comme pour se ménager un retour à terme. Les ducs de Meaux et de Sablé pensèrent, agacés : « Mais alors ? Il reste dans la course ? »

Ce sentiment se raviva, quoique en filigrane, lors du dernier Conseil des ministres dans le salon Murat, où Sa Majesté, au teint gris, revint sur le verdict du peuple : « C'est une défaite qui n'handicape pas l'avenir. Il y a eu une bascule de six cent mille voix seulement, malgré toutes les forces contre moi ! » Ici, les voix seules au-dessus des 50 % décisifs étaient retenues par le Prince, qui négligeait celles en dessous de ce chiffre fatal, évidemment autant, et qui montraient qu'un million et deux cent mille voix lui avaient manqué. Notre Ancien Leader avait toujours été en bisbille avec les chiffres qui le desservaient, mais avant que chacun ait pu rétablir ce calcul, il enchaîna sur ceux qui l'avaient trahi ou ne l'avaient pas assez soutenu : « Les électeurs étaient plus enjoués et plus sûrs de leurs convictions que certains d'entre vous. » Il adoucit néanmoins sa critique : « Dans votre famille, plus tard, on dira : mon grand-père a été ministre de Nicolas Ier ! » Il tira l'oreille de ses grognards, selon le rituel, et ceux-ci firent des photos, demandèrent une dédicace et s'épongèrent le coin de l'œil d'un kleenex discret. La baronne Pécresse, pour quelques minutes encore, porta la parole devant les gazetiers avec son sourire coincé :

— Le Prince nous a dit qu'il serait toujours présent pour nous, si nous en avons besoin, à l'avenir...

— Sa retraite n'est pas définitive ?

— Il ne parle pas de retraite. Il restera toujours à côté de sa famille politique.

Comme une menace, sûrement, pour brider les appétits de ses sous-fifres. Dans les bureaux du Château on empaquetait, on vidait les tiroirs, on empochait les disquettes, on remplissait des cartons jusqu'à la gueule ; cent dix-huit collaborateurs avaient déjà été recasés. Notre Leader Fini, délivré de la lourdeur du pouvoir, se permettait de plaisanter en petit comité sur ses remplaçants, puisqu'il ne se croyait pas affaibli par le désastre que les fabricants de sondage avaient prédit, et il envisageait de beaux jours pour lui-même qu'on allait regretter sous peu. « Qu'la transition elle soit la plus rapide possible, et après, hop ! la vraie vie ! » disait-il, mais aussi :

« Perdre, c'est pas fastoche, mais s'dire qu'on laisse le Parti social gérer ce merdier, ça a quelque chose de délicieux. » Il livrait même son avis sans qu'on le lui demandât :

— M'sieur d'la Corrèze, il est forcé d'caser la duchesse de Solférino à Matignon, comme Première, c'est la seule qui fasse le pont entre la gauche du baron d'La Méluche et les Verts de la du Flot. Il est pas assez stupide pour nommer le duc de Nantes, le Ayrault...

— Lequel parle allemand, Courroucé Seigneur. Pour négocier avec la Reichsführer, ce serait bienvenu.

— Devrait plutôt trouver un mec qui cause le chinetoque !

Notre Prince Lourdé retrouva sa superbe pour la cérémonie du 8 mai où il convia François IV non encore investi, et il déposa une gerbe en sa compagnie sur la tombe du Soldat Inconnu ; chacun put constater qu'ils avaient à peu près la même taille, talonnettes ou pas, et qu'ils étaient d'une courtoisie sans pareille, avec leurs costumes gris et leurs cravates bleues sur la même chemise blanche. Pénétrés, absents côte à côte, à quoi pensaient ces siamois quand la chorale militaire entonna le *Chant des partisans* ? Ils attendaient la passation des pouvoirs en cachant leurs impatiences. A François IV les discours à la chaîne et le cérémonial assez raide dans les salons dorés devant une assemblée respectueuse, à Nicolas Ier le jogging au bois de Boulogne en polo mauve à rayures. Parce que ce jour vint ; le mardi 15 mai à dix heures du matin, quoique retenu par des feux rouges auxquels il voulut qu'on attendît comme tout le monde, François IV arriva juste à l'heure au bas du tapis rouge déroulé jusqu'au gravier. Nicolas Ier l'attendait à sa portière, ils eurent une brève poignée de main et s'enfermèrent une demi-heure dans un bureau ; Notre Ancien Prince parla surtout de lui, selon sa manie solide du monologue. L'épouse du premier expliqua pendant ce temps à la compagne du second les secrets des employés et des appartements privés, avec une apparente complicité. Puis ce fut la fin. Nicolas Ier et Madame redescendirent le perron main dans la main, saluant le personnel en rangs d'oignons. François IV tourna les talons avant même que le couple défait ne montât en voiture, et certains crièrent à l'inélégance, mais il fallait savoir que tout le courrier que reçut au Château le Monarque Elu avait été passé à la broyeuse par son prédécesseur.

Dehors, rue Saint-Honoré, sous un ciel d'orage, un groupe de retraités de Neuilly chanta *Ce n'est qu'un au revoir* sous la pluie et prédisait la fin du monde. Au Château, le protocole maîtrisait la journée et les horaires et les gestes. Les canons tirèrent à blanc et François IV passa des bataillons en revue avec la mine de l'emploi, puis ce fut l'enfilade des hommages, Marie Curie, Jules Ferry, des fanfares, des galonnés, des invités joyeux et presque muets tant ces événements étaient solennels. François IV remonta les Champs-Elysées, debout dans une Citroën DS5 grise et hybride, qui risquait de caler sans cesse en roulant au pas. Le toit était découvert et l'averse cueillit le Récent Monarque sitôt franchie la grille du Coq ; il resta quand même debout dans son auto, sans parapluie disgracieux, sans imperméable vulgaire, trempé de partout et le veston collé au dos. Derrière des carreaux mouillés, un myope ne voit rien au-delà de trois centimètres, mais François IV, ruisselant, cheveux plaqués au crâne, souriait comme un aveugle dans la brume et saluait de la main une foule clairsemée par ce gros temps. Il changea deux fois de costume, car la pluie redoublait dès qu'il prenait la parole en plein air. Dans les communs du Château, les cuisiniers étaient aux anges : « Il est du même modèle que le roi Chirac, notre Prince, disaient-ils. Un vrai Corrézien. Il aime la viande rouge et le chocolat. » Les marmitons dansèrent une farandole autour des fourneaux en inventant des vrais menus après une diète de cinq ans. Fini, les yaourts allégés ! Que vivent la choucroute et la sauce périgueux ! Ce jour-là, il y en eut de plus heureux que d'autres.

Avec du papier millimétré, une loupe et une balance de joaillier, voire un trébuchet de pharmacien pour mesurer les dosages, François IV et son Premier, M. Ayrault duc de Nantes, s'occupèrent à confectionner un gouvernement proche de la perfection : il y eut autant de femmes que d'hommes chez les ministres, tous les courants du Parti social et de ses alliés y étaient représentés, même celui du duc de Washington ou de la duchesse de Solférino, tous, du plus à droite au plus à gauche, occupaient un poste, même les Verts qu'on fourra au Logement, même les radicaux qui se trouvèrent à la Justice. Le duc d'Evry, M. Valls, fut bien entendu nommé à l'Intérieur pour tenir les polices et les enjôler ; il prit la place encore chaude du cardinal de Guéant dont il se démarqua en ces termes : « Il n'y aura ni angélisme, ni course effrénée aux chiffres, ni stigmatisation de communautés, d'une catégorie par rapport à une autre. » Pour le symbole et par décret, les émoluments des ministres furent baissés de près d'un tiers, ils devraient prendre le train pour les déplacements de moins de trois heures, remettre aux Domaines les cadeaux de plus de cent cinquante euros. « Imposture ! » glapit le duc de Meaux, ce M. Copé qui voulait exister et démontra que le gouvernement étant plus nombreux il coûterait plus cher. La campagne pour choisir la couleur de la nouvelle Chambre venait de débuter par cette invective.

Où allait-on ? Nul ne le savait. Toutes les solutions semblaient possibles, alors polémiques, alliances, mauvaise foi réapparurent. Lectrices, lecteurs, rassurez-vous, je ne vais point ici détailler ces combats réchauffés. Vous en avez soupé, après tant de votes. Ne gardons que des moments et un climat.

Saisir ce climat, c'est poser des doutes.

Le rose du Parti social allait-il déferler sur l'Assemblée ? Le Parti impérial risquait-il d'imploser ? Mlle de Montretout arbitrait-elle ce pugilat en soutenant à sa guise celui-ci ou celle-là ? Le baron de La Méluche volerait-il des voix aux sociaux ? Le duc de Meaux implorait la cohabitation, François IV au Château et les impériaux à la Chambre ; il prétendait la démocratie en danger si le Parti social détenait tous les leviers, du canton au Sénat, oublieux que ce fut à maintes reprises le sort du Parti impérial sous Charles Ier de Gaulle ou le roi Chirac. Le vizir Balladur n'était point de l'avis de M. de Meaux, lui qui cohabita avec François III Mitterrand ; il pensait cette situation trop équivoque, trop paralysante et trop instable, et il le disait : « La démocratie requiert la clarté, elle ne trouve pas son compte à ce brouillard. » Cependant le duc de Meaux et ses partisans refusaient de jouer les figurants et sonnaient l'alarme.

En remerciement de leur croisade auprès de Nicolas Ier, quelques vedettes de l'Empire furent proprement parachutées dans des circonscription dites faciles à emporter. Ce fut le cas du duc de Sablé, M. Fillon, qui se sauva de la Sarthe par lui conquise depuis des lustres, devenue récemment défavorable à sa candidature, pour se réfugier dans un quartier tout cuit de la capitale où même un lapin serait élu pourvu qu'il portât un badge du Parti impérial. De même, le chevalier de Guaino se présenta, et pour la première fois, aux Clayes-sous-Bois dont il ignorait la situation géographique dans les Yvelines, et il endormit son auditoire en farcissant ses phrases de citations, s'accaparant MM. Camus, Césaire ou Renan. Le cardinal de Guéant, lui, atterrit en bizuth à Boulogne-Billancourt, contrée célèbre pour ses usines et ses studios de cinématographe ; malheureusement, un impérial indocile lui disputa la place et resta dangereux en réunissant aux voix locales de son parti celles des formations de la gauche ; il fut chassé pour laisser passer Son Eminence, mais il persista.

Tous les orthodoxes qui glorifiaient Nicolas Ier, sans évoquer son bilan, ne tombaient point du ciel en terre étrangère, ils se présentaient chez eux où ils connaissaient du monde mais n'étaient pas assurés de vaincre. Ainsi la baronne Morano, toujours en flammes et fureurs, posait à Toul en veste blanche à la terrasse du *Café des Sports*, place des Trois-Evêchés : « Je prends l'apéro ici tous les dimanches », disait-elle en souriant et en embrassant les autres clients. Elle était tendue mais se voulait sereine, quoique son concurrent du Parti social l'eût battue de cinq points au premier tour de l'élection. Elle partait donc en force et en gueule à la conquête des partisans de Mlle de Montretout, en insistant sur ce qui la rapprochait de cette extrême droite : les étrangers, les assistés et la patrie repliée sur elle-même. Une chance s'offrit à elle, crut-elle, lorsque le candidat de Mlle de Montretout mourut d'une crise cardiaque peu avant le scrutin, et fut remplacé par un inconnu sans poids ; alors elle redoubla d'efforts pour lui ravir ses électeurs. Elle donna un entretien à la gazette *Minute*, foyer de la droite rigide, ce qui ne la gêna aucunement, mais elle se laissa piéger par un canular téléphonique ; l'humoriste M. Dahan, imitant la voix méridionale de M. Aliot, le compagnon de Mlle de Montretout, lui dit en confidence et par moquerie afin qu'elle se révélât :

— Nous avons des intérêts communs.

— Bien sûr ! répondit la baronne en confiance, laquelle trouva que Mlle de Montretout avait beaucoup de talent. Ailleurs, elle affirma même partager ses valeurs, ce qui la conduisit à la désapprobation.

Les candidats qui sautaient en parachute sur des régions qu'ils ne connaissaient que par ouï-dire, on en compta également au Parti social. Ainsi M. Lang qui fut successivement duc de Blois et duc de

Boulogne-sur-Mer, après avoir chanté François Ier et les sardines, s'apprêtait à briguer le duché de Saint-Dié, dans les Vosges. Ainsi Ségolène, archiduchesse du Poitou, sauta-t-elle sur les quais de La Rochelle. Ses pairs l'avaient adoubée depuis Paris, afin que cette ville pût lui servir de tremplin pour la présidence de l'Assemblée, qu'elle voulait ardemment. L'archiduchesse avait un destin, du moins le croyait-elle, depuis qu'elle fut l'espoir des sociaux à la précédente bataille du Trône où Nicolas Ier la tailla en pièces. Une fois encore un baron local entra en dissidence, et l'histoire fit le tour du pays.

L'archiduchesse des Charentes s'imaginait avec force conviction en train de présider l'Assemblée, rappelant à l'ordre les chahuteurs comme une maîtresse d'école. Elle avait adressé des vœux personnalisés à cent quatre-vingt-dix-sept représentants, afin qu'ils la soutinssent, et, rencontrant à Ouagadougou le roi Compaoré, elle lui avait expliqué sa démarche : « J'ai perdu contre Nicolas Ier parce que la France n'était pas prête à élire une femme, mais là, je serai peut-être la première femme à présider cette Assemblée d'hommes. » Pour en arriver là, il y avait une étape obligatoire, La Rochelle, une ville de gauche dont elle pouvait devenir députée facilement. Or, La Rochelle grognait. Elle ne le comprit d'abord pas, ou bien ne s'en souciait guère, sûre d'elle. La voici à la fête du port de pêche, elle tournait autour des stands et des tablées dressées sur le quai, elle riait, claqua des bises, prenait la pose en bottes et caban bleu ciel, signa des dédicaces d'un simple *Ségolène*. Comme le cardinal de Guéant, à Boulogne, trouva sur son chemin un dissident qui se présentait au nom des gens du coin, l'archiduchesse se heurta au chevalier de Falorni.

C'était un long gaillard aux yeux lavande sous des sourcils épilés, avec un tapis-brosse de cheveux gris, des chemises pâles et des chaussures pointues. Natif de La Rochelle depuis trois générations, dont un grand-père célèbre basketteur des années cinquante qui donna son nom au stade local, il professait l'histoire dans un lycée professionnel. Il était aussi le chef de la fédération du Parti social ; il y resta huit ans mais fut jeté dehors pour désobéissance en dix secondes. Ce trublion revendiquait sa vieille amitié pour François IV qu'il avait toujours soutenu contre tous, même à l'époque des basses eaux : « Quand tout le monde le fuyait, disait-il, je restai. » Le chevalier de Falorni avait eu un tort : il s'était indigné que l'archiduchesse fût imposée par Paris, sans le moindre vote des militants comme cela se pratiquait dans les autres circonscriptions. Il se planta face à elle et ne voulut point en démordre, malgré les cajoleries, malgré les menaces. L'archiduchesse devinait dans cette fronde la main du prince de Ré, M. de Jospin, qui pratiquait l'insolent chevalier : « Il assouvit une vieille rancune, confia-t-elle. Il considère que je l'ai empêché d'être candidat au Trône en 2007 ! » Sa colère se fortifia lorsqu'elle apprit que le comte Fountaine, ami du prince de Ré avec lequel il faisait du voilier, dirigeait le comité de soutien du chevalier de Falorni ; elle le connaissait, ce comte Fountaine, il avait été vice-président de la région Poitou-Charentes d'où elle l'avait chassé après une brouille. Lui aussi lui en voulait. L'archiduchesse campa sur place et multiplia les déplacements, parla aux syndicalistes, déjeuna avec des gazetiers, distribua des tracts sur les marchés, enchaîna les réunions. Elle réclama un soutien au père de ses enfants, lequel se trouvait être François IV, avec qui elle vécut tant d'années avant le Trône. La duchesse de Solférino dut remettre un voyage prévu dans le Gard pour défendre un candidat du Parti social contre des séides de Mlle de Montretout, et se rendit en train à La Rochelle en compagnie de Mme du Flot, la régente des Verts désormais ministre. Il fallait épauler l'archiduchesse et que fussent respectés les ordres venus d'en haut. Sur le quai de la gare, les deux femmes, qui s'étaient amusées avec les gazetiers pendant tout le trajet, retrouvèrent l'archiduchesse se forçant à sourire au milieu d'une armada de micros et de caméras. Ensemble, elles allèrent vers la mer, sur un bateau où elles donnèrent leur conférence de soutien quand, soudain, à la lecture d'une dépêche que quelqu'un lui mit sous les yeux, l'archiduchesse blêmit et se figea avant de reprendre son sourire mécanique : c'était un message électronique, rapide comme la lumière, que la Première Compagne du Nouveau Souverain venait d'envoyer à ce rival honni :

> Courage au chevalier de Falorni qui
> n'a pas démérité, qui se bat aux côtés
> des Rochelais depuis tant d'années
> dans un engagement désintéressé.

Le message répondait aux quelques mots que la veille François IV avait demandé à son chambellan d'envoyer à l'archiduchesse, laquelle le harcelait, pour lui confirmer son appui de façon neutre. Apprenant cela par les gazettes du matin, ne se retenant plus, furibarde, la Première Compagne se mit à trépigner avant d'expédier son message privé qui, par l'électronique et ses réseaux, devint public. Ce type de courrier mince ne devait pas excéder cent quarante signes et se nommait *tweet*, ce qui signifiait en anglais un gazouillis, un babil, une façon de jaser, et permettait d'entrer en contact instantané avec des milliers d'abonnés. Le tweet était le moyen de communiquer le moins discret et mettait au courant le monde de vos déceptions, de vos fredaines, de vos recettes de cuisine, de vos pensées courtes et souvent infantiles. Les politiques en étaient friands ; il y voyaient parfois un immense thermomètre qui leur permettait de mesurer les fièvres de l'opinion et de jeter à tous les vents leur propagande. Mme de Prosciutto-Morizet en était fanatique, comme la baronne Morano qui y confiait ses émois à la messe de Noël, et révélait sa culture approximative en écrivant *natalité* pour *nativité* ; comme aussi M. Wauquiez-de-la-Haute-Loire, lequel décelait une proximité dans cette pratique : « C'est un média sans filtre avec les gens. Les échanges sont plus abrupts mais cela ne me gêne pas. » Les usagers étaient aussi la proie d'impairs, s'ils se trompaient de touche et envoyaient un message très privé à seize mille abonnés, ce qui advint au Transfuge Besson dont on put lire ce message : « Quand je rentre je me couche. Trop épuisé. Avec toi ? » Il eut des milliers de réactions et ses collègues s'en gaussèrent longtemps. Le chevalier d'Hamon eut ce genre de mésaventure : « Il y a un effet grossissant invraisemblable, disait-il. Il m'est arrivé d'envoyer des tweets pas finis et pas corrigés. Mes abonnés se sont immédiatement demandé si je n'étais pas bourré. » La Première Compagne était une frénétique des tweets, sans cesse le pouce levé pour taper un message sur le clavier de son téléphone portable, ce fut pourquoi on la surnomma la marquise de Pompatweet.

Celui qu'elle envoya à M. de Falorni fut dévastateur.

A peine devenue la Première Maîtresse du régime par la force des choses, la marquise de Pompatweet semblait se désolidariser de son compagnon régnant, lequel soutenait l'archiduchesse des Charentes contre le chevalier de Falorni qui avait démérité en contrevenant aux ordres. Dans un entretien donné à une gazette féminine populaire, la marquise avait prévenu : « François me fait totalement confiance, sauf sur mes tweets. J'ai du caractère, que voulez-vous, on ne peut pas me brider. » Ce n'était cependant pas un jeu mais une tache. Derrière le désaccord affiché dans un couple, proche du vaudeville, on savait que la marquise jalousait l'archiduchesse, que la nouvelle concubine ne supportait pas l'ancienne, et, contre les souhaits de François IV, qui avait en horreur l'étalage de la vie privée, et voulait en cela se démarquer de son prédécesseur, ce Nicolas Ier qui aimait tant mettre en scène sa famille et ses amours, on vit que rien en la matière n'avait changé ; l'imbrication entre les intérêts publics et la vie privée éclatait au jour en quelques lignes. Le Parti social en fut stupéfait. François IV fut profondément choqué, dit-on, sans rien laisser paraître. Son image en sortait néanmoins flétrie, qu'il avait jusque-là préservée en ne commettant aucune faute de parcours. On le voyait désormais coincé entre deux harpies qui se tiraient le chignon. Le Château se ferma et les conseillers furent d'abord injoignables, puis, dans un second temps, expliquèrent qu'il s'agissait d'une affaire privée, strictement privée. L'historien Jules Michelet avait stigmatisé ce tournant nocif en termes crus : « Le destin des nations est désormais enclos aux ténébreux appartements, aux chambres à coucher, aux alcôves, aux retraites de Leurs Majestés. Leur humeur, leur santé variable, voilà maintenant la règle du monde. » Michelet avait oublié les dieux grecs chicaneurs, et que l'*Iliade*, au fond, racontait une guerre menée par un cocu pour récupérer son épouse qu'un blondinet avait enlevée. Sur les conséquences d'une telle situation, je préfère le jugement de Guglielmo Ferrero, bel historien de Rome, dans *Les Femmes des Césars* qu'il publia chez nous en 1930 : « Un empereur, mari faible, était un scandale, parce que le bon sens populaire ne pouvait admettre qu'un homme incapable de commander à sa femme pût gouverner un empire. » Il parlait de l'empereur Claude qui passait à Messaline tous ses caprices, dissipations et perversions, parce qu'elle était d'une parfaite beauté et qu'elle voulait vivre seulement pour son plaisir.

Aussitôt après l'avènement de François IV, la marquise de Pompatweet fut accablée de rumeurs malignes qu'elle supporta fort mal. Des bandits usurpèrent son identité pour acquérir un terrain près d'une plage du Morbihan, un site électronique de ragots publia une liste de ses amants supposés, des malveillants expliquèrent qu'elle était très fortunée puisqu'elle avait hérité de son grand-père banquier et qu'elle percevait de gras dividendes du Crédit industriel et commercial de l'Ouest ; cela était archifaux ; son grand-père avait bien tenu une banque jusqu'en 1950, mais il s'était associé à un escroc qui vida les coffres avant de s'exiler en Argentine comme les anciens nazis et les malfrats. Personne ne parlait de cette honte dans la famille de la future marquise de Pompatweet, mais on s'échinait à rembourser les clients floués. L'éducation des enfants était stricte quoique de gauche ; la fillette apprit la cuisine et à tourner des pots à la maison de la culture d'Angers avant de s'inscrire en Sorbonne quand elle eut dix-huit ans, puis elle se lança dans le milieu des gazettes. Avec son minois et ses mises élaborées on l'attendait à la rubrique mode, mais elle se retrouva à suivre la politique et les politiciens, émoustillant bien des élus avec son allure réservée et sa blondeur de jeune fille sage ; la légende veut que le vieux roi François III Mitterrand la reluqua, lui qui n'avait pas les yeux dans sa poche. Elle suivit bientôt en exclusivité les aventures du Parti social dont elle connut les coulisses et le personnel. Ce fut ainsi qu'elle entra dans la familiarité de M. de la Corrèze et de sa concubine Ségolène. Ils se voyaient, se questionnaient, dînaient ensemble et fêtaient la naissance des bébés dans une jolie complicité.

Les hostilités se déclenchèrent en 2005 lorsque l'archiduchesse comprit que la marquise lui avait chipé son compagnon, puisque les épousailles n'étaient point de mise chez M. de la Corrèze. Ce fut, dit-on encore, cette situation de cocuage qui poussa l'archiduchesse à se présenter à l'élection de 2007, parce que trompée elle entendait devancer le trompeur, malmené à ce moment par la base du Parti social qui avait voté *non* contre son vœu lors d'un référendum sur l'Europe. Elle fut investie à sa place, et, par vengeance, s'employa à ce que la gazette où écrivait la marquise déchargeât celle-ci des sujets politiques, car elle faisait constamment briller son amant. Cela en fut ainsi ; la marquise de Pompatweet s'intéressa désormais sur ordre à la fonte des glaces, à la pénurie d'eau dans le monde ou à un voyage du roi Chirac chez les Dogons. Deux mois plus tard, après son élection ratée au Trône, l'archiduchesse répudia M. de la Corrèze, alors commença une période que l'on baptisa celle des « mille escarmouches ». Nous n'énumérerons pas ces passes d'armes, mais la présence obsédante de l'archiduchesse émoussait le moral de la marquise, qui la voyait partout, avec son rire en cascade et sa façon de se mettre toujours en avant, à un tel point que des psychologues lui découvrirent le complexe de Rebecca, du nom d'un personnage de Mrs Daphne Du Maurier qui épousa un lord en secondes noces, et dut affronter l'empreinte permanente d'une accaparante première épouse. La victoire de M. de la Corrèze la délivra et, le soir de la Bastille, quand il devint François IV, la marquise lui commanda de l'embrasser sur la bouche devant une foule immense de témoins.

La guerre des concubines trouva son issue au soir de l'élection de La Rochelle, un mois plus tard, lorsque le chevalier de Falorni piétina la notoriété de l'archiduchesse des Charentes. Dans les jardins du Muséum d'histoire naturelle, en veste rouge vif, l'archiduchesse déplia une déclaration qu'elle avait gribouillée sur des feuilles d'un cahier à spirale. Avant même les résultats définitifs, elle reconnut une tonitruante claque mais accusa le chevalier de Falorni d'avoir gagné grâce aux voix de ce Parti impérial trop satisfait de l'écarter. Avec ses intonations inimitables elle déplora « la trahison poulitique » puis répondit irritée aux questions des gazetiers sur son avenir bouché.

Le Parti social remportait ce dimanche une bataille historique, mais sans elle, et tous les ministres furent élus, même à Marseille où l'impérial M. du Museau fut renvoyé. Pour les partisans du Prince c'était l'hécatombe. Le cardinal de Guéant, la duchesse de Saint-Jean-de-Luz ou la baronne Morano furent jetés aux oubliettes, même quand ils appelaient à l'aide les troupes extrêmes de Mlle de Montretout, défaite aussi mais de peu, même quand ils suivaient les savantes et onéreuses leçons de l'abbé Buisson, et l'on vit s'élargir des lézardes dans l'ancienne majorité qui défaillait. M. Baroin-de-l'Aube fut un des plus virulents à condamner les appels au secours de la baronne Morano perdue à Toul : « Quand on commence à dire qu'on a des valeurs communes avec Mlle de Montretout et qu'elle est sympathique, on n'a plus qu'à boire un coup avec elle et discuter. Ce n'est pas possible, il faut rebâtir une digue ! » Cette digue allait passer au milieu des impériaux, contribuant à effriter leur joli ensemble. « L'opinion reste à droite », disaient les perdants. De nombreux battus pensaient que la détestation de Nicolas Ier avait persisté après son départ et que se réclamer de lui c'était courir à l'abattoir.

Avant de laisser sa place, Feu Notre Prince avait miné le pays sur lequel les sociaux allaient régner. Les bombes étaient prêtes à exploser en chapelets sous les pas de François IV. On sut très vite que le duc de Sablé, M. Fillon, avait aggravé la dette publique de six cents millions d'euros, et qu'il avait laissé perdre quatre cent cinquante mille emplois industriels. Dès le lendemain de l'élection législative la vétilleuse Cour des comptes brandit des chiffres affolants ; Notre Déchu Leader avait laissé une ardoise de vingt milliards d'euros, et il avait demandé aux patrons des automobiles Peugeot de reporter leurs projets de licenciements massifs après la Dispute du Trône, ce qui fut fait à l'heure dite avec l'annonce de sept mille neuf cent quatre-vingt-six salariés à éjecter des usines. D'autres grands patrons avaient subi de semblables pressions pour ajourner leurs projets cannibales ; ce fut le cas de Petroplus à Petit-Couronne, des Chantiers navals de Saint-Nazaire, de Technicolor à Angers, d'Arcelor-Mittal à Florange, d'Air France qui voulait liquider trente-quatre de ses moyens-courriers, de la coopérative Presstalis qui distribuait les gazettes, de Prevent Glass et ses équipements de voitures à Bagneux-sur-Loing, de l'usine Honeywell de Condé-sur-Noireau qui espérait fabriquer ses plaquettes de freins en Roumanie. Chez Carrefour ou dans les télécoms on redoutait des saignées. Dans sa tactique de la terre brûlée, Notre Antérieur Suzerain avait partout clamé que l'arrivée de François IV sur le Trône provoquerait des catastrophes en chaîne et ferait exploser les taux de nos nécessaires emprunts, eh bien non, bernique ! Nous apprenions cet été-là que la France bénéficiait soudain d'un taux positif, c'était-à-dire que nos créanciers acceptaient de perdre un peu d'argent en échange d'une sécurité à laquelle ils croyaient.

Tout autour c'était le chaos. En Espagne, les immigrants sans papiers ne seraient plus soignés et on se contenterait de disputer aux charognards les cadavres purulents, tandis que des mineurs de charbon marchaient sur Madrid. Au Royaume-Uni en récession, le *British Medical Journal* confirmait la hausse des troubles psychiques que le chômage provoquait ; comme en Italie ou en Grèce, les suicides augmentaient sauvagement. Des insulaires d'Hydra attaquèrent des inspecteurs des impôts qui avaient interpellé un restaurateur oublieux de ses factures. Il y eut des émeutes en Tunisie quand les extrémistes musulmans détruisirent des œuvres exposées au palais Abdellia, dont le tableau d'une femme nue entourée de barbus ; à Bizerte, un conseiller régional des Pays de Loire fut bastonné par un groupe de furieux qui le traitèrent de mécréant : il faisait très chaud et sa petite fille de douze ans portait un short. Comme chaque jour, en ouvrant sa gazette, on lisait une dépêche de ce style : « Près de quarante civils ont été tués mercredi dans le sud de l'Afghanistan. » En Inde aussi, une guerre éclatait entre les immigrants musulmans du Bangladesh et les tribus hindoues. Israël se préparait à une attaque de l'Iran et le faisait savoir avec un haut-parleur. A cause de la canicule, les récoltes de maïs, de soja et de blé ne seraient pas fameuses en Amérique du Nord, ni en Ukraine, ni en Russie, nulles en Afrique de l'Est. En Suède, des chiens renifleurs découvrirent des explosifs dans la centrale nucléaire de Ringhals, et à Fukushima le quatrième réacteur fut mis en état d'urgence parce que les barres de combustible ne se refroidissaient plus. En France nous n'étions pas mieux nantis. A l'occasion de défauts constatés à la centrale belge de Doel, l'Autorité de sûreté nucléaire ressortit une note vieille de deux ans où elle avait repéré des fissures sur les cuves de dix de nos réacteurs, au Tricastin, à Chinon, à Dampierre... Deux femmes gendarmes étaient abattues dans le Var par un maçon récidiviste après un vol de sac à main, et quatre Roumains furent condamnés à de la prison ferme pour avoir volé la carte de crédit de Mme Valls, la mère de notre Fringant ministre de l'Intérieur.

Nous avions aussi notre lot d'intégristes. La Fraternité Saint Pie V défila contre le mariage des homosexuels et avait récemment troublé avec force bruit des pièces de théâtre impies. Ces moulins à prières tenaient des propos franchement hostiles à l'islam. Les atteintes physiques contre les musulmans avaient récemment augmenté de 33,6 %. Il y en eut un charmant exemple à Aigues-Mortes, calme cité où un couple au volant de sa Citroën Xsara tira au fusil de chasse sur des jeunes arabes qui bavardaient entre eux ; ils criaient par la portière : « On est en France, ici ! On est chez nous ! » Ces chasseurs et leur gibier étaient natifs de cette même petite ville méridionale. Les jeunes étaient étudiants, ingénieurs ou employés municipaux. La violence irriguait les cerveaux de ces gens qui n'avaient plus accès par paresse à la grammaire et, ne pouvant articuler des arguments mauvais ou bons, frappaient comme à Rennes où un collégien en étrangla un autre qui avait ouvert trop brusquement la porte des toilettes, comme à Amiens quand un contrôle tarzanesque dégénéra en émeute et que dix-sept policiers restèrent sur le bitume lardés de chevrotine. A cette occasion, l'ancien prince de Beauvau fier de l'Ancien Régime, M. d'Hortefouille, inventa *l'amnésie de combat* ; cela consistait à nier les heures sombres de son bilan, à gouacher en blanc ce qui gênait son ci-devant Prince, à l'instar des images que MM. Mao et Staline retouchaient pour que disparussent des personnages qui embarrassaient la nouvelle ligne du Parti. Ainsi, sans rire ni même sourire de sa mémoire, M. d'Hortefouille observa : « C'est curieux, personne ne le note, qu'il n'y a pas eu pendant tout le quinquennat de Nicolas Ier d'émeutes urbaines. » Il avait oublié par menterie flagrante les émeutes de Villiers-le-Bel en novembre 2007, qui durèrent deux nuits, celles de Firminy qui persistèrent trois nuits dans les flammes en juillet 2009, celles de la Villeneuve à Grenoble, en juillet 2010, celles de Woippy en Moselle ou de Grigny en Essonne.

Soulignant la bienfaisance de la mauvaise foi chez M. d'Hortefouille, des impériaux foncèrent dans cette voie sans issue pour tonner en chœur contre l'impavide François IV. Ce fut leur chemin de Damas puisqu'ils évoquèrent les massacres de Syrie. Nous étions au cœur de l'été. Notre Tout Neuf Monarque se boucanait le cuir en tournant autour du monde, de Los Cabos au Mexique à Rio pour rencontrer les grands, dont M. Lula qui disserta avec lui de la crise mondiale des finances malgré son cancer du larynx. Puis il s'envola pour Rome causer de la monnaie commune. Le jour de notre fête nationale, à l'hôtel de la Marine, il fit savoir à des libellistes énamourés qu'il remplaçait l'abrupt mot de *rigueur* par celui plus caressant d'*effort juste*, et il prévint que nous devions faire preuve d'imagination pour sortir du tunnel où Nicolas Ier nous avait maintenus. Il serra des mains dans la foule à Paris, à Brest, en Avignon où il salua le théâtre révolté de M. Jean Vilar. A Tulle, d'où François IV était parti à la conquête du Trône, l'office de tourisme organisa un circuit à sa gloire, de l'hôtel Marbot où il siégea au conseil général jusqu'à sa cantine du *Central* en passant par le quartier médiéval ; cela coûtait vingt-cinq euros aux pèlerins avec le repas compris. Notre Récent Leader prit ensuite le train comme le vulgaire pour deux semaines de vacances au fort de Brégançon, cette austère presqu'île que Charles Ier de Gaulle attribua aux souverains qui le suivraient (mais il n'y passa lui-même qu'une seule nuit, incommodé par un lit trop petit et un nuage de moustiques). La marquise de Pompatweet protesta par avance pour que les gazettes oubliassent de la photographier dans l'eau en maillot de bain noir. Ce fut lors de ce court repos, déjà coupé de déplacements obligés dans le Var pour des obsèques de gendarmes, de victimes d'un sanglant hold-up et de militaires abattus près de Kaboul, que les impériaux revanchards vinrent titiller François IV le jour de son anniversaire. Sur quoi ? Sur la Syrie. Le duc de Sablé, M. Fillon, qui briguait la présidence du Parti impérial, lui jeta au visage des conseils pour montrer qu'à sa place il aurait été meilleur, même si, comme Premier, il s'était contenté d'une longue sieste de cinq ans avec mille couleuvres au menu. Il dit avec une assurance qu'on ne lui connaissait pas : « Si j'étais vous, je prendrais un avion pour Moscou et je chercherais à offrir aux Russes une relation de confiance. L'ours russe n'est dangereux que quand il a peur. » Le duc de Meaux, M. Copé, renchérissait pour qu'on ne l'oubliât point : « Interrompez vos vacances ! »

Ces paroles ne rimaient à rien.

Le tsar Vladimir, confirmé par des élections douteuses comme Parfait Autocrate, soutenait mordicus Assad-aux-mains-rouges qui hachait son peuple avec méthode. Il lui vendait des avions pour bombarder ses hôpitaux et des boulangeries, l'aidait par ses vetos internationaux à torturer des enfants, à égorger des blessés et à éventrer des femmes. Le monde trépignait d'une colère impuissante, mais le tsar avait une position imprenable. Comme ses devanciers depuis Pierre le Grand il savait que la Syrie lui offrait un accès aux mers chaudes, cette obsession russe, ensuite il s'était senti roulé par Nicolas Ier à l'époque de la réaction occidentale en Libye, quand, soutenus par la logistique américaine, les Européens avaient outrageusement modifié leur mandat pour traquer Mouammar-le-Cruel et le tuer. Chinois et Iraniens le soutenaient face au monde inquiet. Si les impériaux se déchaînaient contre l'attentisme de François IV, ainsi désignaient-ils son action furtive, l'idée de la riposte en revenait à Notre Défunte Majesté, car son cadavre bougeait encore ; n'y tenant plus, Nicolas avait rompu son silence et de sa voix trop connue, trop pressée, trop bousculée, il se plut à donner des leçons. Il s'était entretenu pendant quarante minutes avec l'un des chefs de l'opposition syrienne, Abdelbasset Sayda ; il avait publié un communiqué comme s'il était toujours au Château : « On m'a critiqué sur la Libye, mais moi, au moins, j'ai agi. Il faut être plus ferme contre le régime de Damas, beaucoup plus ferme ! » Lui, il se serait déplacé pour faire semblant de s'en mêler, comme si cette révolte n'avait pas commencé en mars 2011 ; pendant ses quatorze mois de fin de règne il resta inerte sur le sujet. Il proférait ses jugements depuis le jardin de sa belle-mère, au cap Nègre, en prônant l'agitation pour enrayer des massacres quotidiens. La comparaison avec la Libye livrée aux milices était parfaitement abusive. La Syrie avait une aviation et un armement russes, des tanks en état de fonctionner, et même une chimie redoutable au besoin ; elle était entourée de l'Irak, du Liban, de la Turquie et de la Jordanie : la région pouvait s'embraser au premier faux pas. Nicolas Ier aurait-il convaincu le tsar Vladimir d'abandonner Assad-aux-mains-rouges, lui qui avait trompé les Russes au sujet de Mouammar-le-Cruel, l'authentique objet de cette guerre pour Benghazi ? Pendant ce temps, la Syrie naufragée baignait dans le sang.

Ah ! que c'est dur de n'être plus rien quand on s'est cru presque tout. Il y a un temps de décompression chez les tyranneaux en exil, et après, souvent ils plongent pour ne plus jamais remonter, ou bien en chansons comme Napoléon. Notre Leader Désavoué partit se reposer en se laissant pousser une barbe ultracourte qu'il entretenait au rasoir pour ne pas ressembler à un mollah. Nicolas-sans-Trône partit donc avec Madame dans une luxueuse propriété du roi marocain, fort bien gardée, d'où les importuns étaient tenus à distance, et parfois même les riverains de cette palmeraie qui se plaignaient lorsque l'ex-Prince allait taper la balle chaque matin au Royal Tennis Club de Marrakech, le quartier étant bouclé pour que l'Exilé profitât au mieux du calme. Il profitait aussi de dîners exaltants avec le duc et la duchesse de Levallois, leurs voisins de riad, ces Balkany si subtils dont la conversation vulgaire et soumise le réchauffait. Le quotidien *Akhbar al-Yaoum* nous apprit que Madame et lui visitèrent des demeures et qu'ils auraient acquis une villa pour cinq millions d'euros, quinze cents mètres carrés avec un terrain de pétanque, une piscine, un parc, un spa, une salle de cinéma et une vue majestueuse sur la chaîne de l'Atlas enneigée même en été. Cette tentation fut démentie. On revit le Couple Fatal au Canada chez le milliardaire Desmarais, l'un des conviés du Fouquet's qui fut fait grand-croix de la Légion d'honneur quoique étranger ; il les invita dans son palais de Sagard, au sud du Québec, où les chevreuils et les ours couraient librement dans la forêt. C'était un gros château copié sur les modèles de Palladio dans l'arrière-pays vénitien ; flatté par ce décor en toc, le Déchu dévorait tous les jours *L'Equipe*, feignant de ne s'intéresser qu'à la compétition sportive. Le Couple Infernal retourna ensuite au cap Nègre ; le service de sécurité y avait été réduit à cinquante personnes. Les marcassins envahissaient les pelouses bien arrosées et fort pourvues en vers de terre dont ils raffolaient ; la gendarmerie traquait ces délicieux nuisibles avec des cages, et quelques-uns finirent leur vie en casserole dans une marinade de vin rouge. Notre Prince Désaffecté fumait le cigare en short, au milieu des amis bohèmes de Madame qui fumaient de l'herbe en maillot de bain, parfois sous l'œil figé et la narine en alerte d'invités plus politiques, tels Mme de Prosciutto-Morizet, le duc de Meaux, M. d'Allègre dit « Je-Sais-Tout » et M. Goudard-le-Pubard qui distribuait ses conseils.

Quand il regagna Paris, Nicolas-Rien-du-Tout profita à plein des facilités que l'Etat lui offrait. Selon une circulaire de 1985, le Souverain Sortant touchait six mille euros mensuels de traitement, auxquels s'ajoutaient les onze mille cinq cents que lui attribuait le Conseil constitutionnel où il devait siéger. Il bénéficiait d'une voiture et de deux chauffeurs muets, de deux gardes du corps qui se relayaient et de sept mercenaires ; il pouvait en outre voyager gratuitement dans les trains et les avions d'Air France. Il prit donc possession de ses bureaux parisiens, au 77, rue de Miromesnil, l'ancien hôtel particulier du peintre Gustave Caillebotte dont il occupa le premier étage, onze pièces à deux pas du parc Monceau, soit trois cent vingt-trois mètres carrés avec une hauteur de quatre mètres sous plafond. Des images de Madame décoraient l'entrée, et, grâce au Mobilier national, un salon reproduisait à l'identique un bureau du Château, celui des Portraits, afin que le Réprouvé se retrouvât comme chez lui pour y recevoir. Il téléphonait beaucoup, beaucoup de monde venait le réconforter et essayer de comprendre où il voulait aller. Pour l'heure il s'inventait un emploi du temps et prétendait s'occuper de son proche avenir de conférencier ; il était invité cet automne à New York, au huitième étage d'un palace, pour exposer son point de vue sur la finance devant des financiers, à la demande de la banque brésilienne BTG Pactual qui possédait des comptes aux Bermudes et aux îles Caïmans, des paradis fiscaux que Notre Ancien Potentat pourfendait. L'un des participants à cette fameuse conférence confirma plus tard que Notre Majesté avait livré « un exposé d'étudiant en première année de fac ». Pour l'heure, dans ses bureaux ripolinés en blanc, il y avait du passage. Il répétait à ses visiteurs les plaisanteries qu'il avait testées sur le gazon varois de sa belle-mère : « M. de la Corrèze, c'est mon meilleur attaché de presse ! » Il affublait le nouveau couple royal du surnom de Bidochon, ces personnages franchouillards à bérets de la bande dessinée, pour préciser : « Ils ne sont pas au niveau. » Il condamnait sans appel la politique des sociaux : « Ils sont nuls ! » Et voici le défilé des impériaux rue de Miromesnil. Ils quêtaient un sourire, un regard bienveillant, un encouragement ou un soutien pour remonter en selle.

Le mamamouchi Balladur avait glissé à l'oreille de Nicolas Ier, qui fut jadis son homme à tout faire : « Attendez qu'on vienne vous chercher. Il faut attendre au moins un an ou deux. » Notre Seigneur A-Bout-de-Souffle n'avait point cette patience mais il rétorqua : « J'essaie de ne voir personne du milieu politique. » C'était un leurre ; il se félicitait même que Lord Blair vînt le visiter, ou que la Birmane Aung San Suu Kyi le rencontrât à Paris, mais sa secrétaire l'avait sollicitée par lettre et non l'inverse. Notre Impudent Leader distillait dans son entourage de faux espoirs. Quelques-uns, à la longue, semblèrent s'écarter de lui comme le baron Bertrand qu'il avait tant aimé : « Nicolas espère un écart très faible entre les prétendants à la présidence du Parti impérial, pour que le nouveau patron ne dispose pas d'une trop grande légitimité. » Soit, qu'il ne lui fît point d'ombre, si par accident Sa Majesté entendait revenir en sauveur ; personne n'avait le droit de la surpasser. Le duc de Bordeaux, M. Juppé, se démarquait pareillement : « Se référer à Nicolas Ier, c'est bien mais ça ne suffit pas. » Seule Mme de Prosciutto-Morizet ressentait un vide après la déroute. Rue de Miromesnil, Notre Fâcheux Mistigri avait pourtant reçu à déjeuner le duc de Sablé, M. Fillon, qui concourait pour le remplacer à la tête du Parti ; les bureaux étaient vastes et calmes, Notre Majesté ne supportait plus les restaurants : « Tous ces gens qui me hèlent en me disant à quel point ils me regrettent, je n'en peux plus. Je préfère encore les insultes ! » Le climat de ce repas fut froid et empesé, même si l'on égratigna les absents. Le chevalier de Wauquiez ? Peu fiable. La baronne versaillaise Pécresse ? Elle avait traité le duc de Sablé de Nicolas au petit pied. « Très drôle ! » dit Notre Monarque Emérite, car cela faisait soudain allusion à l'accident de scooter de son Premier, à Capri lorsqu'il était en vacances chez le milliardaire Ferrari ; depuis il marchait avec des béquilles. Le redoutable adversaire de M. de Sablé, qu'il espérait charcuter d'importance, c'était le duc de Meaux, lequel se jurait « de gravir la montagne par la face nord », afin de montrer que les difficultés ne le rebutaient nullement pour terrasser son rival. De toute façon, Sa Majesté annonça qu'elle ne voterait ni pour l'un ni pour l'autre, n'étant d'ailleurs pas en règle avec ses cotisations. En réalité, il les regardait se déchirer, ces deux-là. Il jouait avec eux comme il l'avait toujours fait car il pratiquait la discorde en dessous de lui pour asseoir son autorité. Quand il avait dit aux siens, au soir de la raclée électorale : « Rien ne serait pire après moi que la division », il mentait. Il avait toujours divisé, ses proches, ses sujets, ses potentielles idées, et il continuait à le faire par-derrière en bénissant par-devant sa horde.

Sa horde, c'était l'assemblée des déçus et des geignards qui pensaient illégitime la victoire de François IV. Ils s'organisaient pour préparer le retour de Nicolas Ier sur le Trône, ils y croyaient, ils se dépensaient pour cela. Lorsque Napoléon vivait à l'île d'Elbe son premier exil, sa légende naquit, colportée par les demi-solde et les paysans ; l'Empereur absent réapparaissait dans des fourneaux de pipes, des éventails, des charades, des gravures à clef. Il en était de même aujourd'hui ; des objets fleurissaient pour rappeler le règne exaspérant de Nicolas Ier. Sur les sites électroniques e-Bay ou Amazon, vous pouviez acheter un dé à coudre tricolore à son effigie pour six euros, un tee-shirt Nico, un masque de carnaval. News People offrait un choix de gadgets dans sa boutique Nicolas Ier. La baronne Ferry proposait un sac brodé et des trousses *Nicolas reviens* qu'on trouvait dans ses boutiques de Paris et de Port-Grimaud. Les amis du Souverain ouvraient eux aussi un site sur lequel vous pouviez vous repaître de ses admirables discours, et même adhérer à leur amicale pour vingt-cinq euros.

En effet, une association intitulée Les Amis de Nicolas Ier, doublée d'une branche financière pour récolter les dons, vit le jour dès la défaite du mois de mai, et le Monarque lui-même la voulut ouverte à tous les exaltés pour défendre son bilan. L'initiative en était due au zélé M. d'Hortefouille qui la présidait, et au secrétaire général M. d'Estrosi ; les nostalgiques s'étaient déjà réunis deux fois dans un restaurant du XVe arrondissement, *L'Antre-Amis*. Il y avait autour des tables le cardinal de Guéant, le sautillant baron Ciotti, la baronne Morano en trésorière, les inévitables Balkany, d'autres. Dans ce club on chantait des cantiques, on allumait des cierges, on communiait avec l'Ex-Potentat dont on glorifiait la popularité renaissante, en condamnant toutes les mesures de François IV par principe.

Au mois d'août, une grande fête dura deux jours à Nice. Le duc d'Estrosi fit acclamer Nicolas Ier par deux mille militants qui visionnèrent avec des sourires béats les images d'un écran géant ; on y saluait l'Ex-Leader transfiguré en réformateur et en protecteur, lui qui fut si angoissant. Une blonde anonyme au regard humide confiait à ses voisins : « Il savait susciter de nous l'amour. Qu'il revienne vite ! » Une convaincue de Cagnes-sur-Mer ajoutait : « Il n'y a personne comme lui ! » Une retraitée en canotier estampillé « Nicolas » estimait avec la certitude des croyants : « On est dans une belle pétaudière et ce n'est pas François IV qui va sauver le monde ! » Nous avions l'étrange impression d'être à la dernière planche de *Tintin au Congo* où, après le départ du jeune héros, les villageois se désolent devant leurs cases et le fétiche en bois taillé de Milou : « Là-bas, tous les petits blancs y en a être comme Tintin. » C'était ce qu'on entendait sur les hauteurs de Nice, dans des dîners, dans des colloques aux jardins des Arènes de Cimiez ou sous les oliviers de la villa Matisse, avec ces pluies d'éloges qui tombaient fines et drues à la fois. M. d'Estrosi forçait la note : « De ce règne, on parlera peut-être d'années courage comme on parle des Trente Glorieuses ! » Mme de Prosciutto-Morizet parla du tempérament énergique de Son Monarque, le baron Ciotti de sa vision, de son brio, de son courage, puis on croqua des gambas en levant haut des flûtes de champagne Roederer. Ils attendaient la rédemption.

A la rentrée, l'ombre de Nicolas Ier planait toujours au-dessus des gazettes. On eût dit que la confrérie des libellistes avait été privée de sa dose quotidienne d'annonces, et peu importait qu'elles fussent sans réalité ; en cinq ans, ô plumitifs mes frères et mes sœurs, vous aviez eu l'occasion de vous intoxiquer ; vous voici en manque. Vous répondiez : nous n'avons pas le temps de prendre du temps, tout s'accélère ! Vous ne croyiez plus qu'à la précipitation, à la vitesse, à la bougeotte, à la frénésie, à une certaine façon de montrer ses muscles. Sous le visage hilare du Tyranneau Remercié, vous notiez à regret ou avec un espoir secret : *Coucou me revoilà !* ou *Si Nicolas Ier avait eu raison ?* ou encore *Au secours, Nicolas revient !* Le 15 juin à minuit, l'ancien occupant du Château perdit son immunité pénale. Les juges pouvaient l'entendre et le confondre. De vieilles affaires reprenaient une jeunesse. Allait-on savoir la vérité sur l'argent distribué par la grande-duchesse de Bettencourt ? Mouammar-le-Cruel avait-il vraiment financé Notre Majesté ? Avait-il été abattu par un agent français infiltré chez les rebelles libyens, ainsi que l'affirmait le *Corriere della Serra* ? Le numéro de son téléphone portable, qui permit de le repérer, avait-il été livré par Assad-aux-mains-rouges à nos services, comme l'écrivait le *Daily Telegraph* ? Acharnement ! criaient les impériaux, mais ils ouvraient leur gazette pour vérifier que le règne de Nicolas Ier ne se prolongeât point dans la rubrique judiciaire.

Trouville,
mai-octobre 2012

Table

DU MÊME AUTEUR *(suite)*

Avec Michel-Antoine Burnier

LES AVENTURES COMMUNAUTAIRES DE WAO-LE-LAID, Belfond, 1973.

LES COMPLOTS DE LA LIBERTÉ : 1832, Grasset, 1976. (Prix Alexandre-Dumas.)

PARODIES, Balland, 1977.

1848, Grasset, 1977. (Prix Lamartine.)

LE ROLAND BARTHES SANS PEINE, Balland, 1978.

LA FARCE DES CHOSES ET AUTRES PARODIES, Balland, 1982.

LE JOURNALISME SANS PEINE, Plon, 1997.

Avec Jean-Marie Stoerkel

FRONTIÈRE SUISSE, Orban, 1986.

Avec Bernard Haller

LE VISAGE PARLE, Balland, 1988.

FREGOLI, un spectacle de Jérôme Savary, *L'Avant-Scène Théâtre* n° 890, 1991.

Avec André Balland

ORAISONS FUNÈBRES DE DIGNITAIRES POLITIQUES QUI ONT FAIT LEUR TEMPS ET FEIGNENT DE L'IGNORER, Lattès, 1996.

Cet ouvrage a été imprimé en France
par CPI Bussière
à Saint-Amand-Montrond (Cher)
en décembre 2012

Composition JOUVE – 45770 Saran
N° 2025897C

PAPIER À BASE DE
FIBRES CERTIFIÉES

Grasset s'engage pour
l'environnement en réduisant
l'empreinte carbone de ses livres.
Celle de cet exemplaire est de :
550 g éq. CO_2
Rendez-vous sur
www.grasset-durable.fr

N° d'Édition : 17515. — N° d'Impression : 124117/4.
Dépôt légal : janvier 2013.